JOACHIM FERNAU

Was halten Sie vom Alten Fritz

und anderes Kleingedrucktes

JOACHIM FERNAU

Was halten Sie vom Alten Fritz
und anderes Kleingedrucktes

Mit 10 Zeichnungen
des Autors

Herbig

Herausgegeben von Gabriele Fernau

Umschlaggestaltung: Wolfgang Heinzel, Merching,
unter Verwendung einer Zeichnung von Joachim Fernau
Satz: SatzStudio Pfeifer, Gräfelfing
Gesetzt aus: 10/12 Punkt Walbaum leicht
Druck und Binden: Mohndruck, Graphische Betriebe GmbH,
Gütersloh
Printed in Germany
ISBN 3-7766-1644-X

Inhalt

Gesänge hinter dem Haselnuß-Strauch

Ich fiedle auf meinem
linken Arm
der Welt meine Referenz.
Es ist keine Geige
und kein richtiges Lied,
aber die Welt
ist ja auch nur ein Traum.
Wie sie mir,
so ich ihr.
Vielleicht gefällt es ihr auch.
Ich liege hinter dem Haselnuß-Strauch
und fiedle
und pfeife
und singe.

Langsam setzte sich der Mond
auf den Hut des Bürgermeisters,
als er aus dem Wirtshaus kam.
Lange schritt er wie ein Heilger,
doch nach einer kleinen Weile
ging er wie auf heißen Kohlen.

Ade, mein Herr
aus Eis und Schnee!
Ich denke mir,
zu Ostern wird
der Frühling endlich kommen.

Ich übe schon
das Glücklichsein,
das Wispern
und das Lachen
und die verliebten Sachen.

Pipsi und der Sohn der Witwe
hatten sich am Bach geküßt.
Daß ihr's wißt!
Später hopste Pipsi fort,
doch der Junge blieb noch dort,
setzte sich ins Gras und sang,
Pipsi, Pipsi, schönen Dank!
Und er lachte vor sich hin:
Gut, daß ich kein andrer bin.

Der Zauberer und die drei Nazis

Am Ufer der Havel stießen zwei Stiftsfräulein eines Morgens im April 1945 auf einen splitternackten Mann, der sich ihnen, als sie sich einer Ohnmacht nahe fühlten und wie gelähmt stehen blieben, heftig gestikulierend näherte. Endlich rafften sich die beiden Damen auf und stürmten davon. Sie rannten, so schnell sie konnten, über die Felder zurück, ohne auch nur einmal zu verschnaufen oder sich umzusehen. Nach etwa einer Viertelstunde gelangten sie total erschöpft in ihrem Heim an. Sie fanden dort in der Diele auf zwei Stühlen und im Kreise etlicher anderer Stiftsdamen zu ihrer Überraschung abermals zwei fremde Männer vor, jedoch zum Glück nicht nackt. Sie waren, wenn auch nicht gerade sauber, so doch nach der »neuesten Mode« gekleidet, nämlich in Landseruniform. Also offenbar zwei Soldaten. Dies nahmen die beiden erschöpften Läuferinnen gerade noch wahr, dann sprudelten sie mit dem Bericht ihres Abenteuers am Flußufer heraus. Die beiden Landser sahen sich bereits nach den ersten Worten verständnisvoll an und grinsten, daß man befürchten konnte, sie würden sich selbst in die Ohren beißen. »Der Verpflegungsmeister!« sagten sie im Tone tiefer Befriedigung, worauf alle Damen sie voller Erwartung und Neugierde anschauten.

Der ältere der beiden Landser, ein etwa fünfzigjähriger Unteroffizier, seines Zeichens Gastwirt in Berlin, wandte sich an die Vorsteherin, die den ganzen Auftritt mit Stillschweigen, aber mit heftigem Stirnrunzeln verfolgt hatte, und sagte, indem er bescheiden seine Mütze zwischen den Händen drehte: »Wissen Se, jnädijes Frollein, det is nämlich so: den kennen wa! Nu will ick ma janz ehrlich sein, jnädijes Frollein, weil Se ooch so nett und jütig zu uns zwee Verwundete warn. Det war nämlich so: Ick habe ja schon erzählt, det wa aus'n Lazarett kommen, wir zwee, ick und mein Kamerad. Mein Name is, wenn Se jestatten, Fritz Gluckert. Ick habe eene janz schwere Bruchoperation hinter mir, und mein Kamerad hier, Fritz Federle, hat schwere Granatsplitterverwundungen an die beeden Oberschenkels. Wa können ja ooch kaum loofen, wie Sie jesehen haben werden. Man hat uns entlassen, weil se det Lazarett wegen die Russen und die Frontnähe uffjelöst haben. Nu – ick bin aus Berlin, Jastwirt, und Federle is ooch aus Berlin, Vasicherungsbeamter, und da haben wa uns nu uff den Weg jemacht. Nach Hause, vastehn Se? Unterwegs is noch'n Dritter, een Fremda, zu uns jestoßen, een schicker Vapflejungsfritze, een janz naßforscher Herr. War ja een bißken komisch, det der ooch nach Berlin wollte, denn er sah janz jesund und kv. aus. Na, schön, soll er. Nu war det aber een Mann, der für uns ville zu schneidig war. Ob er an de Front ooch so war, weeß man natürlich nicht. Also, der ›übernahm sofort det Kommando‹, wie er jesagt hat, und denn ging et los, daß uns beeden Verwundeten und Kranken nur so de Ohren jeschlackert haben. Als wir an de Havel jekommen sind, hat er jesagt: ›Also los, Jungens, ausziehen! Vorwärts, vorwärts, die Kleider gebündelt auf den Kopf gestülpt, und dann rüber über den Fluß geschwommen, wie ein Mann.‹ Hat er jesagt. Nu, hörn Se mal, haben wa da jesagt, wie sollen wir zwee denn schwimmen können? Ick kann mir nich mal ausstrecken, und der Federle kann kaum loofen? ›Das ist lächerlich‹, hat er da jesagt, ›ein Soldat kann das. Seid nicht so feige, Kerls!‹ Na, aber det jing doch nu mal nich, zum Kuckuck! Da wurde er ziemlich nervös und sagte: ›Also, das ist mir egal, dann

bleibt ihr eben zurück, basta. Ich kann darauf keine Rücksicht nehmen!‹
Dann stieg er ins Wasser und begann rüberzuschwimmen. Wa haben det jar nich abjewartet, sondern sind flußabwärts jejangen, und nach eener kleenen Weile haben wa tatsächlich eene halbzerstörte Brücke jefunden, wo man noch janz jut rübersteijen konnte. Und kaum waren wa drüben, da kam unser Vapflejungsmeester anjerannt. Er war jut rüberjekommen, hatte aber keene Klamotten mehr. Er hatte se vom Kopp valoren, und jetzt schwammen se dahin. Da stand er nu splitterpudelnackt. Ick muß sagen, der Anblick war nich schön, aber eene Jenugtuung. Da hätten Se ihn mal erleben sollen! Erst hat er verlangt, daß wa unsere Klamotten teilen und ooch halb nackt herumloofen, damit er wenigstens een bißchen wat hat. Ne, hab ick jesagt, sein Se nich so feige! Een Soldat kann das! Denn hat er jewimmert und uns jebeten, ihm im Dorf wat zu besorjen. Hörn Se, hab ick jesagt, darauf können wa keene Rücksicht nehmen, denn bleiben Se eben zurück! Denn kamen wa zu Ihnen, na, und Se haben natürlich gar keene Männerkleidung!«
»Wo denken Sie hin!« riefen die Damen.
»Eben. Wo denkt denn der Vapflejungsfritze hin!

Aber vielleicht können Se ihm eene Decke bringen lassen?«

Die Damen schauten nachdenklich drein.

»Wir wollen sehen«, sagten sie.

»Eben, det dacht ick mir«, lächelte Gluckert.

»Und nun, besten Dank, meine Damen, für allet, und jetzt werdn wa wieder losjehn.«

Die beiden Landser erhoben sich, machten eine Verbeugung, warfen ihre Brotbeutel, die sie an langen Riemen trugen, über die Schulter und gingen. Mit guten Wünschen der Damen versorgt. Was aus dem »dritten« Mann je wurde, haben sie nicht erfahren. Sie fühlten sich durchaus berechtigt, ihn zu vergessen.

An diesem Tag merkten die beiden, daß sie das Marschieren bei Tage aufgeben mußten. Es waren zuviel Volkssturmeinheiten auf den Beinen, und es stand zu befürchten, daß man sie auch noch greifen und trotz ihrer Verwundung und Krankheit an die Front in den Einsatz schicken würde. Gluckert und Federle jedoch fanden, daß der Krieg zu Ende und sie selbst und persönlich genug demoliert seien. Sie wollten nach Hause. Feigheit war das bei weitem nicht, denn ihr Zuhause lag ja gerade mitten im Kampfgebiet: Es war Berlin. Sie mußten sich also darauf gefaßt machen, die Kampfzone noch durchstoßen zu müssen, ehe der Krieg ein Ende genommen hatte. Sie mußten die Russen fürchten, und solange sie noch auf deutschem Gebiet waren, den deutschen Volkssturm.

Sie beschlossen, nur noch nachts zu gehen. Es war einigermaßen hell, der Mond schien, und Gluckert behauptete, er kenne die ganze Gegend wie seine Westentasche. Er wollte lieber Umwege machen und an Wäldern und Feldern entlangpilgern, als unliebsame Begegnungen zu riskieren. Federle war ganz dieser Meinung.

Sie kamen in zwei Nächten unangefochten, aber nur sehr langsam vorwärts, und in der dritten hatten sie endgültig die Orientierung verloren. Gegen drei Uhr morgens begann Federle über heftige Schmerzen in den Beinen zu klagen, und auch Gluckert ging gekrümmt und müde. Keiner hatte eine Ahnung, wo die »Front« war und was an der Front los sein mochte, sie hörten nur, wenn der Wind günstig stand, von ferne Kanonen- oder Bombendonner. Sie hofften inbrünstig, noch vor den Russen in Gluckerts windgeschütztem Wirtshaus »Zum alten Eichbaum« zu landen, aber es schien ihnen immer zweifelhafter, je öfter und deutlicher der Wind den Geschützdonner herüberwehte.

»Woischt«, sagte Federle, »vielleicht solle mer's net amal wünsche. Weiß der Deufel, was in den letzte Stunde in Berlin los isch! Mer solle vielleicht zufriede sei, wenn in Berlin schon alles vorbei is.«
»Weeßte«, antwortete Gluckert, »du kannst dir jar nich vorstellen, wie ick uffpassen muß, um dir zu vastehen! Dett'ste aber ooch derartich Dialekt sprichst, Menneken, wo de doch nu schon ville Jahre in unser schönet Berlin wohnst!«
»'s isch sogar direkt mei Heimatstädtle geworde, du!« »Gloob ick! Und nu mußte erst mal meinen ›ollen Eichbaum‹ kennenlernen! Da wird einem det Herz weich! Ach, det is allet so fürchterlich, det janze Schlamassel mit Deutschland! Ick hab de Nese pläng, ick jeh morjen nacht rin nach Berlin, und wenn det Mistjabeln regnet.«
Sie traten aus einem Wäldchen und sahen jenseits eines weiten Rasens die Umrisse eines plumpen, alleinstehenden Gebäudes. Sie humpelten darauf zu und stellten fest, daß es ein altes märkisches Herrenhaus war, das offensichtlich völlig verlassen dalag.
Die Tür war zugemacht, aber nicht verschlossen, oder zumindest war das Schloß aufgebrochen. Jedenfalls gab es nach, und die beiden lahmen Landser unterzogen im matten Mondlicht das

Haus einer ersten flüchtigen Untersuchung. Sie brauchten nicht in den ersten Stock zu steigen, man sah schon in den unteren Räumen auf den ersten Blick, daß das Haus unbewohnt war. Etwas unheimlich.
Die beiden überlegten, was sie im schlimmsten Falle erwarten konnte. Sie beschlossen, nichts in Anspruch zu nehmen mit Ausnahme von ein paar Decken, die sie in den Keller mit hinuntemahmen, um sich dort geschützt und geborgen in einer Ecke niederzulassen. Gluckert fühlte sich am Ende seiner Kräfte. Er sank auf das Lager nieder, zog sich einen Deckenzipfel über die Ohren und war schon im Einschlafen, als er eine Tür im Hause gehen hörte.
Obwohl daran nun eigentlich nichts sehr Erschreckendes war, fuhr er doch zusammen. Er stieß Federle an, der anscheinend auch schon im Einschlafen gewesen war, und flüsterte ihm zu, da sei jemand. Federle richtete sich auf, und die beiden horchten nun gemeinsam, indem sie zur Unterstützung ihrer Ohren auch noch intensiv zur Kellertür starrten.
Während sie ins Dunkel stierten, sahen sie plötzlich im matten Licht des Kellerfensters, daß die Tür sich langsam öffnete.
Dann trat eine Gestalt ein.

Sie war deutlich zu erkennen, denn sie trug eine brennende Kerze in der Hand. Die Gestalt war ein Mann. Ein sehr langer, endlos großer, sehr dünner Mann mit hagerem, knochigem Kopf, magerem Gesicht und einer gewaltigen Hakennase. Er schien die beiden fremden Landser gleich bemerkt zu haben, schenkte ihnen aber im ersten Moment keine Beachtung, sondern stelzte durch den Raum hindurch in einen anderen und kam von dort nach einigen Sekunden mit zwei Obstweinflaschen unter dem Arm zurück. Diese Arme selbst waren auch eine Sehenswürdigkeit. Sie schauten aus den viel zu kurzen Ärmeln seines halb zivilen, halb militärischen Anzugs heraus und nahmen, wenn er sie hängen ließ, schier kein Ende. Sie reichten ihm bis an die Knie.

Gluckert und Federle starrten die Erscheinung sprachlos an.

Da tat die Gestalt den Mund auf und sagte langsam und gedehnt: »Naaaa – ihr zwei Schöööönen?«

Und dann: »Wo kommt iiiihr denn her, hm?«

Er schien zu warten, und Federle nahm Anlauf zu antworten: »Von –«, aber er wußte nicht, was er sagen sollte.

»Daaas dachte ich mir«, sagte gedehnt das rie-

senhafte Gespenst, »von – Aaaaha. Und ihr wollt nach – Aaaha.«
»Wer sind Sie?« fragte Gluckert beherzt.
»Ich? Ich bin der Zauberer Maro.«
Die beiden Landser schwiegen darauf wieder.
Der lange Dünne winkte mit einem Finger und sagte in seiner schleppenden Art: »Naaa, nun kommt mal schön mit hinauf.«
Gluckert und Federle erhoben sich und rafften ihre Decken zusammen. Dann humpelten sie der Gestalt nach, die bereits die Kellertreppe hinaufgestiegen war und die Flaschen auf dem Tisch in einer Ecke der Diele absetzte. Der Mann wies auf die gepolsterten Stühle, und die beiden setzten sich.
»Und jäääätzt will ich mir mal eure Geschichte anhören.«
Gluckert nahm in Anbetracht der Tatsache, daß er auf Polsterstühlen mit nie gesehenem Chintzbezug saß, seine Mütze ab, begann sie zwischen den Händen rotieren zu lassen und erzählte dabei die Geschichte ihrer gemeinsamen Wanderung vom Lazarett jenseits der Havel bis hierher. Das dauerte eine ganze Weile, und allmählich schien für Gluckert und Federle die ganze merkwürdige Situation etwas wirklichkeitsnäher zu werden und die Gestalt vor ihnen menschlicher.

Der Hagere hatte nämlich inzwischen die Flaschen entkorkt, drei Gläser herbeigeschafft, desgleichen drei Teller, Messer und Gabeln, die zwar einst sicher nicht zum Tafelservice gehört hatten, aber immerhin die üblichen Formen aufwiesen. Den beiden Landsern, die sich ihre Erzählung gegenseitig ergänzten, war der Anblick von Brot und Butter auf den Tellern fast ein Beweis, es mit dem Herrn des Hauses persönlich zu tun zu haben.
Als Gluckert seinen Bericht beendet hatte, fragte er daher sehr dezent noch einmal: »Bitte – darf ick fragen, wer sind Se eijentlich?«
Der hagere Mann trat schweigend an Gluckert heran, streckte seine Hand aus, griff in die Mütze, die der andere immer noch zwischen den Fingern drehte, und holte eine Büchse Fischfilet heraus. Dann griff er sich selbst an die Nase und förderte einen Schlüssel zum Öffnen der Büchse zutage. Und darauf sagte er dann schlicht und schleppend: »Das geht euch gaaaar nichts an.« Er öffnete die Büchsen, schenkte den Wein ein, hob das Glas und schloß: »Proooost, ihr Schöööönen!« Er sagte es mit der Behäbigkeit eines Landpfarrers, ohne das Motorengeräusch zu beachten, das sich in diesem Augenblick dem Hause näherte. Sie aßen und tranken, die beiden

Landser stellten keine Fragen mehr. Sie sahen, daß der gespenstische Hagere eigentlich ein famoser Kerl war, und das genügte ihnen. Sie vermuteten, daß er auch ein Landser war.
Als die Teller leer waren, erhob sich der Zauberer Maro und sagte: »Soooo-ho. Und nun werde ich ein Bad nehmen.« Dieses löbliche Vorhaben durchzuführen, gelang ihm jedoch nicht mehr, denn in diesem Augenblick ratterte ein Motor vor dem Haus vor, man hörte das Abspringen und die eiligen Schritte von Männern, dann wurde die Tür mit einem Ruck aufgestoßen, zwei Gewehrläufe schoben sich herein und kreisten in der Runde. Gluckert und Federle waren erstarrt. Der Hagere schaute nach der Tür und sagte, schleppend wie üblich, auf russisch: »Hereieiein.«
Man hörte draußen reden. Dann traten zwei russische Soldaten ein, denen nach etwa einer Minute noch ein dritter folgte, herbeigerufen offenbar von den beiden anderen, die zunächst nur stumm auf die Deutschen sahen und sie mit ihren Gewehren in Schach hielten. Der dritte, der eintrat, war ein Sergeant. Er ging zielsicher sofort auf die Weinflaschen zu und roch an ihnen. So überaus sicher, wie man es von einem Spähtruppsoldaten erwarten konnte, war der

Gang aller drei Russen nicht mehr. Gluckert und Federle waren aufgesprungen, der lange Hagere hatte Platz behalten. Jetzt sagte er in tadellosem Russisch: »Na, da seid ihr ja endlich, schau, schau! Sergeant, sage doch deinen beiden Kameraden, sie sollen ihre Schießprügel weglegen, hier tut ihnen niemand was, hier wird höchstens ein gutes Glas Wein getrunken. Aber ich weiß nicht, ob ihr ihn mögt, denn in eurer Heimat habt ihr sicher viel, viel besseren. Nichts geht über die Qualität russischer Erzeugnisse.«
»Da hast du recht«, murmelte der Sergeant, »wer bist du?«
»Ich war der Knecht dieses Hauses. Der Herr ist geflohen, er hatte Angst vor euch. Mich hat er zurückgelassen, weil ich ein Proletarier bin. Ich brauche ja keine Angst zu haben.«
»Da hast du recht«, brabbelte der Russe nochmals. »Aber es ist Krieg, und ihr seid gefangen.«
»Natürlich sind wir gefangen, Sergeant, das ist klar wie dicke Tinte. Aaaber, das hindert nicht, daß wir uns gut verstehen, nicht?«
»Da hast du recht.«
»Sieh, sieh, welch schöner Spähwagen, mit dem ihr da gekommen seid! Ist das amerikanische Bauart? Wie vornehm ihr reist! Ihr seid wohl eurer Einheit weit voraus, ihr Mutigen, was?«

»Da hast du recht, Genosse. Aber du bist Gefangener, vergiß das nicht.«

»Naaain, nein. Setz dich hierher, Sergeant, setzt euch alle, ich hole aus dem Keller noch Wein, und wir trinken gemeinsam.«

Auf einen Wink des Sergeanten begleitete ein Soldat mit angelegtem Gewehr den Hageren in den Keller. Mit zahllosen Flaschen bewaffnet kehrten sie zurück. Die Russen setzten sich tatsächlich gemütlich an den Tisch, schenkten sich in große Wassergläser ein und tranken die ersten Flaschen allein leer. Dann schien sich der Sergeant plötzlich zu besinnen. Er schaute die Deutschen mißtrauisch an, schlug neuen Flaschen die Hälse ab und befahl den dreien, ebenfalls zu trinken. Er schüttete ihnen immer aufs neue ein.

Gluckert und Federle verschlug das alles die Stimme. Der Hagere dagegen redete gemächlich und schleppend, pausenlos.

Nach einer Stunde stand er, von den Russen schon nicht mehr behindert, auf und fuhr den Spähwagen in einen kleinen Schuppen nahe dem Hause. Er kehrte aber treu und brav wieder zurück, und das Gelage ging weiter. Die Russen kamen in Stimmung, durchstreiften das ganze Haus, steckten sich auch einiges in die Taschen, aber das größte Vergnügen bereitete ihnen ein

großer Kleiderschrank, der voller Kleider und Anzüge war. Sie begannen sofort, sich auszuziehen und umzukleiden und tanzten dann in ihrer neuen Maskerade Krakowiak und Volkstänze. Dann wurden neue Batterien von Weinflaschen nach oben geholt und weiter getrunken. Gegen Morgen sackten die Russen um und fielen in bleiernen Schlaf.
Aber auch die drei Deutschen hatte es erwischt. Federle schnarchte bereits in einer Ecke, Gluckert war unfähig, noch einen geraden Schritt zu machen, und der Hagere wankte ebenfalls. Er schleppte zwar noch die drei Russen in das große Schlafzimmer, legte sie auf die Matratzen und zerrte dann seine zwei Kameraden die Treppe hinunter, aber weiter als bis in die Diele kamen sie nicht. Dann waren Federle und Gluckert endgültig eingeschlafen, und auch der Lange knickte zusammen. Im Hinfallen krachte und klirrte es in allen seinen Taschen. Er hatte den Russen ihre drei Dutzend Beuteuhren abgenommen.
So hatten sie wahrscheinlich ein paar Stunden geschlafen, als sie an den Schultern gerüttelt und mit einem Tritt geweckt wurden. Federle und Gluckert fuhren verstört auf, auch der Hagere riß die Augen auf. Ein russischer Offizier und zwei junge Bürschlein in schlotternder Uniform stan-

den vor ihnen. Ehe er ein Wort herausbringen konnte, sagte der Offizier scharf: »Drei Gefangene. Wir nehmen sie nicht mit. Ihr zwei bleibt hier, durchsucht alles und bringt dann diese drei zur Sammelstelle zurück.« Er zog ein Notizbuch heraus und schrieb etwas hinein. Dann machte er kehrt, und gleich darauf konnte man die Fahrzeuge abfahren hören.

Der Zauberer Maro rieb sich die Augen und blinzelte die beiden jungen Russen an.

»Naaa?« redete er sie auf russisch an, »ihr zwei Schööönen? Was nun, hm?«

Die Jungen guckten ihn erstaunt an. Der Hagere erhob sich ächzend, wobei es in seinen Taschen wieder klirrte und klingelte, ging zum Tisch und goß sich ein Gläschen Wein ein.

»Halt!« riefen die Russen.

»Halt? Wiesooo? Nicht doch, nicht doch! Ich möchte gern ein Gläschen Wein trinken. Das darf ich doch? Wollt ihr auch eins? Na, na, na, nicht gleich das Köpfchen schütteln, ein Glas kann nicht schaden. Es ist ganz leichter Wein.« Er reichte ihnen Gläser. Sie nippten daran, dann lächelten sie und tranken vorsichtig. Danach aber setzten sie die Gläser energisch fort und sagten: »Wir müssen zur Gefangenensammelstelle.«

»Naa, na, na, doch nicht so rasch«, beschwichtigte der Hagere sie in seinem schönsten Russisch, das er wieder wie Gummi in die Länge dehnte, »erst setzen wir uns mal. Was glaubt ihr überhaupt, wer wir sind?«

»Soldaten«, die Russen wiesen auf die Uniformen der beiden anderen. Der Hagere schüttelte milde den Kopf.

»Verwundete!« verbesserte er. »Verwundete! Arme Teufel, die gar nicht laufen können. Trinken wir noch ein Glas?« Die Russen schauten ihn zweifelnd an. Plötzlich begann der eine redselig zu werden. Er erzählte, daß er bei einer Truppe sei, die Berlin umgangen habe, daß er nie das Glück habe, in große Städte zu kommen, und daß er nun wieder nicht weiter dürfe, weil er die Gefangenen zurückbringen müsse. Immer und immer treffe es sie beide, weil sie die Jüngsten seien. Der Hagere fragte, warum sie das denn so beklagten, sie hätten doch in Rußland genug große Städte gesehen. Ja, entgegneten sie beide wie aus der Pistole geschossen, aber hier, hier in Deutschland seien die Städte ganz anders, und man dürfe doch plündern, und das möchten sie endlich einmal mitmachen. Der Hagere nickte verständnisvoll und meinte, das sei nicht mehr als recht und billig, vor allem billig.

Er stand auf, ging ins Nebenzimmer (der eine Russe folgte ihm), holte aus einer Vitrine ein kleines Holzschächtelchen, eine Zierdose, die vielleicht einmal Schmuck beherbergt haben mochte, aber nun leer war.
»Eine hübsche Dose«, sagte er. Die Russen schauten sie an und verzogen mißmutig das Gesicht.
»Kasten!« sagte der eine wegwerfend. »Kasten! Das habe ich nicht gemeint. Uhren zum Beispiel habe ich gemeint. Eine Uhr! Eine, nur eine einzige Uhr möchte ich haben!«
Der Hagere spitzte, soweit das unter dem Zipfel seiner Hakennase sichtbar war, den Mund genießerisch und sagte: »Ach sooo!« Dann nahm er die Dose, schraubte sie zu, schüttelte sie dreimal, sprach »Abrakadabra« über sie und reichte sie dann dem Russen. Der Junge öffnete sie, er starrte ins Innere, anscheinend ganz fassungslos. Der andere beugte sich über ihn, um zu sehen, was da los war, und riß ebenfalls die Augen auf. Er langte zögernd hinein und hielt in seinen Fingern eine Taschenuhr!
In seiner Brust tobte wohl ein Aufruhr an Gefühlen, seine Züge verklärten sich, er strahlte. Plötzlich schloß er schleunigst die Dose, schüttelte sie, wartete eine Weile und öffnete sie dann erwartungsvoll. Und siehe da: Sie war leer!

Er befühlte seine Hosentasche: Ja, die Uhr, die der Deutsche eben herbeigezaubert hatte, war noch da. Jetzt versuchte der andere sein Glück mit der Dose. Wieder vergeblich. Ihre Gesichter wurden finster. Der Hagere lächelte. Er nahm die Dose und wiederholte das Experiment. Diesmal ließ er den anderen Russen öffnen. Wieder erschien eine Taschenuhr. Dann folgte eine Armbanduhr. Und dann für den anderen noch eine Armbanduhr.

»Naaa?« sagte der Hagere, »wie gefällt euch das?«

Dann beugte er sich vertraulich vor und flüsterte: »Ich will euch mal was sagen: Aus dieser Dose hole ich euch soviel Uhren heraus, wie ihr mögt.«

»Schenk sie mir!« rief der eine, der offenbar vergaß, daß er sie sich bloß zu nehmen brauchte.

Der Hagere schüttelte den Kopf. Dann rollte er nachdenklich mit den Augen, beugte sich schließlich wieder an ihr Ohr und sagte: »Gut, ich schenke sie euch. Aaaber, ihr laßt uns dafür frei.«

Die beiden Jungen fuhren ernüchtert zurück. Sie schienen sehr erschrocken zu sein. »Nein«, stotterte der eine, »das geht nicht! Das ist unmöglich!« – »Unmöglich«, echote der andere, »das ist viel zu gefährlich. Wir würden furchtbar bestraft werden. Der Leutnant hat ja aufgeschrieben, daß er drei Gefangene gemacht hat und gibt die Meldung an die Sammelstelle.«

Der Hagere wiegte den Kopf und schien nachzudenken. Der Russe hielt krampfhaft die Dose fest und redete auf den Deutschen ein. »Verstehst du? Wir müssen die drei Gefangenen abliefern, die der Leutnant gesehen und aufgeschrieben hat. Sag so was nicht, verlange das nicht, es geht nicht!«

Der Hagere winkte wortlos mit seinem kralligen Finger. Die Russen stiegen mit ihm die Treppe zum ersten Stock hinauf. Vor der Tür zum Schlafzimmer blieb der Lange stehen und flüsterte: »Jetzt werde ich euch zeigen, daß es doch geht! Da drinnen liegen betrunken drei Männer. Es sind drei Nazis, drei üble Nazischweine, verstehst du? Drei außerordentlich üble Nazikerle. Begreifst du? Diese drei nehmt ihr, wenn sie aus ihrem Rausch erwacht sind, und bringt sie zur Sammelstelle, versteht ihr? Der Leutnant hat drei Fremde gesehen, mehr nicht. Gut! Hier sind die drei Fremden. Ihr habt den Befehl, drei Männer wegzubringen. Gut! Bringt diese hier weg. Und nun paßt auf, ich öffne jetzt die Tür und zeige euch die Kerle.«

Die Russen schauten durch den Türspalt hinein und sahen die drei Betrunkenen in ihrem Aufputz auf den Betten liegen. Bei dem Anblick schnauften sie schwer durch die Nase, und die Zornesröte stieg ihnen ins Gesicht. Sie preßten die Lippen zusammen und nickten. Der Hagere zog die Tür zu, die Russen drehten den Schlüssel um, und dann stiegen sie alle wieder in die Diele hinunter.

»Ja«, sagte der eine der beiden Jungen, »ja, das geht. Was meinst du, Pjotr?«

»Ich meine, es geht, Nikolaj.«

»Es geht«, nickte der Hagere.

»Drei Nazis, sagst du?« vergewisserte sich Pjotr noch einmal.

»Drei Nazis, sage ich«, nickte der Hagere.

»Das ist gut«, antwortete Pjotr.

»Das ist sehr gut.«

Der Hagere war bereits dabei, die Habseligkeiten von sich, von Federle und von Gluckert, die mit erfrorenem Lächeln dabeigestanden hatten, zusammenzusuchen. Sie warfen sich die Brotbeutel über die Schulter, der Hagere zog sich einen neuen Mantel an, der ihm allerdings um vieles zu kurz war, dann legte er den beiden Russen die Hände auf die Schultern und sagte: »Die größte Überraschung aber steckt noch in der

Büchse. Dann denkt an euren Freund, den großen Zauberer Maro!«
Und dann gingen die drei davon, dem »Alten Eichbaum« entgegen.

Liedchen 1946

Eia popeia,
was raschelt im Stroh?
Es ist von meiner Liebsten
der runde Popo.
Der Winter ist kalt
und die Not ziemlich groß,
doch warm sind die Brüste
und duftend der Schoß.
Laß rascheln
zum Zeichen, wie glücklich wir sind!
Das Bettchen
von Daunen kommt wieder, mein Kind!

Selbstporträt mit 21

Steckbriefliches

Zur Person

Ich bin – astrologisch gesehen – eine Jungfrau. Mein Geburtstag liegt im September. In dem Jahre, in dem ich geboren wurde, bekamen Auguste Beernaert und Paul Estournelles einen Nobelpreis, die neuen Verbrauchssteuern kamen heraus, Lenin schrieb die Kritik des Positivismus und Eleonore Duse verließ die Bühne. Also ein miserables Jahr. Auch ich fühlte mich damals nicht sehr wohl, ich war einen Monat zu früh auf die Welt gekommen. Heute weiß ich: hundert Jahre zu spät.
Ich wohne in München, bin 1,76 m groß, wiege seit dreißig Jahren unverändert 138 Pfund, habe kurz geschnittene Haare und trage die überflüssigen als kleinen Bart am Kinn. Keine Brille. Kein Hörrohr. Schuhgröße 42. Verheiratet, aus Sparsamkeitsgründen noch mit meiner ersten Frau. Ich liebe vor allem dreierlei: Alte Malerei und Pferde (kann aber bis drei zählen).

Lebenslauf

An jenem denkwürdigen Tag, an dem der Erzengel Michael die ersten Menschen aus dem Paradies trieb, teilte sich die Menschheit in zwei Lager: Die einen schreiben nun seit 22 000 Jahren ihre Erinnerungen an das Paradies, und die anderen lesen sie. Den schlimmeren Teil haben die Schreibenden erwählt; auf sie bezieht sich der Fluch, sie sollen ihr Leben lang auf dem Bauche kriechen. Mir persönlich war es nicht an der Wiege gesungen, ein Schriftsteller zu sein. Ich wollte Waschfrau werden. Was mich als Kind daran faszinierte, war das Schaumschlagen. Ich studierte es kurze Zeit an der philosophischen Fakultät und wurde dann selbst Journalist. Hier erwarb ich mir das umfassende Wissen und die Zurückhaltung, die den Journalismus so auszeichnen.
Der Zweite Weltkrieg, den ich größtenteils an der Front miterleben durfte, öffnete mir die Augen für die Vorzüge der Unsterblichkeit, und seitdem widme ich diesem Ziel meine ganze Kraft.
Ich würde sehr glücklich sein, wenn ich es weiter, allen Flüchen zum Trotz, aufrecht stehend tun dürfte. Sicher wird man es mir gestatten, solange

ich so wunderbar mißverstanden werde. Hätte Abel gelächelt, sei es auch unter Strömen von Tränen, so wäre er wahrscheinlich von Kain nie erschlagen worden.

Hier lebe ich

Vor den beiden Fenstern, etwas in das Zimmer gerückt, steht mein Schreibtisch. Er ist ein schmuckloser, schwerer Eichentisch aus einem Bauernhaus des vorvorigen Jahrhunderts, wie er damals in dem Eß-Alkoven zu stehen pflegte, mit der Suppenterrine in der Mitte und der geschnitzten Heilig-Geist-Taube, dem sogenannten Suppenscheißer, von der Decke hängend. Ein schöner, wachsblanker Tisch ist dieser Arbeitstisch, auf dem nun statt der Terrine eine Delfter Lampe, ein Krug mit Forsythien oder Feldblumen, eine kleine, nicht allzu genau gehende Reiseuhr, eine Büchse mit Schreibgeräten und ein Aschenbecher stehen.
Das sind die Stammgäste auf meinem Tisch; sie haben ihren festen Platz, nicht weil ich pedantisch wäre, sondern weil ich nicht die Absicht habe, unter dem sonstigen Papierkram nach ihnen zu suchen. Nur auf einem halben Quadrat-

meter des Schreibtisches liegt eine Decke. Es ist ein mit alter Borte eingefaßter venezianischer Velours, rot und blaßblau; das Moiré und die schönen Rankenmuster sind mit der Hand geschoren. Bei Rubelli unter den Arkaden der Piazza San Marco in Venedig können Sie ihn kaufen. Die Ratssessel in der Serenissima waren früher so bezogen.

Mein eigener fester Platz ist ein wackliger, alter Ohrenbackenstuhl, der an der Breitseite des Tisches steht, mit Blick zu den Fenstern. An der linken Schmalseite steht ein Wippstuhl, der feste Platz für meine Frau; an der rechten Schmalseite steht eine niedrige, lange Klosterbank, auf der beständig und unnötig Lexika, Atlanten und Manuskriptseiten herumliegen. Die Bank ist wie geschaffen zur Ablage und nicht für die Popos armer Nönnchen, für die sie ein rechtes Marterinstrument gewesen sein muß. Die weitaus bequemste Sitzgelegenheit, ein Schaukelstuhl mit Rohrgeflecht, steht vor der Truhe und ist von Fränzi besetzt. Fränzi ist eine niedrige Rauhhaar-Schäferhündin, ein Findling, mit dem Temperament von Nitroglyzerin. Ich kenne viele Hunde, die gern Auto fahren, aber keinen zweiten, der sich das Mitfahren erzwingt, indem er sich an meinem Ärmel festbeißt. Sie müssen es nicht glauben, aber es ist so. Wenn ich an schönen Tagen das Verdeck zurückschlage, steht Fränzi mit den Hinterbeinen auf meiner Schulter und beugt sich über die Windschutzscheibe hinaus. Ihr entnervendes Bellen erspart mir die Hupe. Über der alten Truhe in meiner Stube hängt ein Jörg Breu. Einstmals galt er als Albrecht Altdorfer und bildete eines der Glanzstücke des Liechtensteiner Museums in Wien. Bewacht und hochversichert. Als er eines Tages als Hochstapler entlarvt wurde, verfluchte ihn der Fürst und verkaufte ihn nach Amerika, wo man ihn weiter als Altdorfer unterzubringen versuchte in der richtigen Erkenntnis, daß, wer so viele falsche Rembrandts hat, auch noch einen falschen Altdorfer vertragen kann. Als schlichter Jörg Breu kehrte er nach dem Kriege zurück und fand bei mir sein behagliches Zuhause. Rechts von ihm ist die eine Tür, über Eck die zweite. Dazwischen hängt eine »Versuchung des Heiligen Antonius«. Die Wand im Rücken meiner Frau ist von oben bis unten in ganzer Breite mit zeitgenössischen Darstellungen Friedrichs des Großen bestückt, mit Stichen, Zeichnungen und Miniaturen. Mit dem Alten Fritzen hab ich's. Ich liebe ihn nicht allzu sehr, aber ich bewundere ihn. Ich bewundere, wie aus dem weichlichen Feigling ein todver-

achtender, harter Mann wurde; ich bewundere seine Menschlichkeit, seinen glasklaren Verstand und seine geistreichen Marginalien. Ich bewundere, daß er Voltaire durchschaute und davonjagte. Ich bewundere den Staatsmann und Feldherrn; ich bewundere aber zum Beispiel auch, daß ein hochkultivierter Mann so schmuddelig sein konnte, wie er es war. Ich mag schmuddelige Menschen nicht, aber es nötigt mir Hochachtung ab, wie sie ein Jackett, das ihnen eine Schar von Dienern allmorgendlich bereitlegt, bereits zu Mittag völlig versaut haben.
Ich stehe oft vor seinen Bildnissen. Welches ist sein wahres Gesicht? Immer schaut er mich argwöhnisch und mißmutig an. Immer sage ich ihm, daß ich nichts dafür kann, ein Kind des zwanzigsten Jahrhunderts zu sein. Auf keinem Bild lächelt er, solange ich es auch anschaue. Ich weiß, er konnte lachen, aber er hat es uns nicht hinterlassen. Dabei würde ich es so gern sehen. Nun ja – auch Goethe lacht nirgends, Schiller nicht, Hölderlin nicht, Bach nicht, Dante nicht.
Zwischen den Fenstern steht ein schmales Bücherregal mit meiner Handbibliothek. An der Wand zu meiner Rechten steht ein alter, schöner Schrank, der meine Akten und Dokumente birgt. Wenn Sie die linke Flügeltür öffnen, entdecken

Sie einen kleinen Fernseher. Die Welt, die ich da zu mir hereinlasse, besteht aus Beckenbauer, Borsow, Schockemöhle, Niki Lauda und Merckx. Vor allem anderen schützt mich ein Druck auf einen kleinen Knopf.
Auf der Innenseite des Türflügels kleben, wie bei einem Soldatenspind, lauter nackte Mädchen; der einen habe ich den Kopf von Cassius Clay aufgesetzt, der anderen einen kleinen Politiker unter den Arm geklemmt, der dritten eine Bratpfanne beigegeben, in der ich selbst sitze. Ich habe noch nicht nachgelesen, was Sigmund Freud dazu sagt. Vor dem Schrank, von einem Ende des Zimmers bis zum anderen, liegt ein Korassan-Teppich. Wenn ich eine alte Hose anhabe oder im Sommer mit bloßen Füßen bin, rollen Fränzi und ich uns auf ihm und führen unsere Ringkämpfe aus. Meine Erben werden sich damit abfinden müssen, daß ich so lebe.
Übrigens habe ich keine Erben. Mein Leben begann mit meinem Leben und wird mit dem Leben meiner Frau enden. Ich bin ein Ikarus im Gehäuse. Was liegt draußen vor meinem Fenster? Deutschland? Brasilien? Kanada? Frankreich? Die weite Welt ist nicht meine Welt. Auch wenn Ikarus über die Berge und Meere und die Jahrhunderte fliegt, bleibt er immer zu Hause.

Schreiben und malen

Ich habe das Spiel der Gedanken, das Ergründen, die Analyse des Intellekts immer geliebt, aber ebenso oft überfällt mich Hoffnungslosigkeit und Melancholie, und je älter ich werde, desto mehr. Dann habe ich nur den einen Wunsch, allem den Rücken zu kehren. Dann fühle ich eine wahre Erlösung darin, zu zeichnen und zu malen; es ist ein Heißhunger nach dieser anderen Welt, die nicht »geben« muß, sondern »empfängt«. Es ist wie eine Erlösung durch die Augen, nicht nur durch die Augen, auch durch die Hand, das Manuelle bedeutet mir eine helle Freude, ich male oft mit allen zehn Fingerspitzen.

Diese andere der zwei Seelen hat mich also nie losgelassen, hat mich immer wieder – für Tage, für Monate – »an der Longe« in ihre Welt gezogen, in die Welt des Seh-Erlebnisses, die so weit, weit fernsteht dem Grübeln und Denken. Vielleicht gehöre ich überhaupt dorthin – ich spreche es zum erstenmal aus. Dennoch würde ich meine Bücher nicht gegen fünfhundert Bilder eintauschen: das ist der Zwiespalt. Zu spät. Ich habe es nicht mehr in der Hand, und ich hatte es wohl nie in der Hand. (Ich habe malen gelernt.) Es ist gekommen, wie es kommen sollte.

In den Perioden, in denen ich zurückkehre zur Malerei, erlebe ich Wunderbares. Das »Wunderbare«, hat Horst Janssen gesagt, »ist nicht unser Intellekt hinter geschlossenen Augen, das Wunderbare sind diese Augen selbst, geöffnet.« Ich müßte in solchen Augenblicken also glücklich sein. Bin ich es?

Ich fühle mich glücklich, ja. (Ein Zustand, den ich beim Schreiben nicht kenne.) Ich bin in einer glücklichen Spannung, bevor ich zu malen anfange, ich bin in einer ungeduldigen Erregung beim Malen (während ich beim Schreiben eine unendliche Geduld aufbringe, bin ich beim Malen oft wutschnaubend, und mehr als ein Bild ist im Kamin geendet), und ich bin in einer glücklichen Erlösung, wenn es vollendet ist. Nie aber schaukele ich mich in Behaglichkeit. Denn ich arbeite.

Ich will Ihnen etwas gestehen; ja, es ist ein Geständnis: Ich weiß wohl, was Glücklichsein ist, aber ich verstehe nicht, es auszukosten wie andere Menschen. Ich verstehe dieses Genießen und Schwimmen in glücklicher Behaglichkeit nicht beim Malen und auch sonst nicht. Ich weiß nicht, warum. Vielleicht bin ich dafür zu wach. Schade.

Ich habe einmal in ein Gästebuch auf die Frage, welches meine Lieblingspflanze sei, geschrieben: »das Gras«. Begreifen Sie? Hätte ich genüßlich antworten können »die Rose« oder »das Maiglöckchen«, so wäre ich jenes Geistes gewesen, von dem schon die Bibel sagt: »Ehe ihr nicht werdet wie die Kinder...« Das ist er nämlich, der Geist, der die ganz bescheidene Seligkeit kennt. Ich habe ihn nicht, ich bin zu unbescheiden, das wird es wohl sein.

Da habe ich ein Beispiel. Ich lese in einem Maigret von Simenon: »Maigret und seine Frau gingen gemütlich bis zum Boulevard und setzten sich auf die Terrasse eines Bistros. Die Sonne war untergegangen, die Luft hatte sich abgekühlt, war aber noch von warmen Wellen durchzogen, die vom Asphalt aufstiegen. Die Pfeife schmeckte Maigret zum erstenmal ein bißchen nach Herbst. Die Schiebefenster des Bistros standen offen, man konnte von innen Musik mithören. Die meisten Gäste saßen wie die beiden stumm und zufrieden an ihren Tischen und betrachteten die Vorübergehenden. Als es dämmrig wurde, flammte das elektrische Licht auf...«

Banaler geht es kaum, und dennoch erfüllt mich Maigret mit Neid. Das ist sie, die »ganz bescheidene Seligkeit«. Ich weiß, wie behaglich, was für ein Lebensgefühl das sein muß. Mein Herz ist zu unruhig dazu, zu gierig, zu wenig unschuldig.

Bonnard hatte diese Unschuld, Slevogt hatte sie, ja sogar Lovis Corinth, der scheinbare Berserker. In meinen Bildern ist davon nicht einmal ein Hauch.
Sondern?
Ja, sondern. Ich weiß es nicht. Ich weiß nur eines: Ich habe zum Malen dasselbe Verhältnis wie zu den Frauen. Ich male erlöst, mit Kribbeln, voll Faszination, voll Dienen.
Nur in den Kamin geworfen habe ich noch keine.

Irgendwo bin ich geboren,
habe irgendwo gelebt.
Kann an nichts mich mehr entsinnen,
weiß nur, daß die Stunden rinnen.
Sage mir, was ist geblieben
von dem Leben, außer Lieben?
Alles andere ist verloren.

Warum ich nicht zur Buchmesse fahre

Das habe ich von Karl May gelernt: Ein Weißer gehe nicht in die bloody grounds, wenn die Roten das Kriegsbeil ausgegraben haben. Old Shatterhand hatte wenigstens Winnetou – ich habe niemand.

Von Lagerfeuer zu Lagerfeuer geht mein Ruf als »Hijokeh«, als »unheimlicher Geist der Prärie«. Unsinn natürlich; meine Kritiker wissen: von Geist keine Spur.

Das einzige, was mich reizen könnte, meinen Mustang zu satteln, wären die Squaws. Nicht, weil sie in Frankfurt in den Wigwams sitzen und den Besuchern Feuerwasser ausschenken – ich trinke keins –, sondern weil gerade unter den Rothäuten viele in ihren strammen Leggins so hübsch aussehen. Nein, ich fahre nicht. Während sich in den Messehallen die Menschen drängen und schieben und die Verleger wie auf dem Korridor zum Kreiß-Saal mit Herzklopfen und flatternden Augenlidern sitzen und dem Geplärre ihrer Neugeborenen lauschen, lehne ich mich zuhause in den Sessel zurück und rauche ein Pfeifchen. Ich bin ein Hieronymus im Gehäuse, und es kommt mir sehr gelegen, was Goethe einmal gesagt hat: »Wer der Welt etwas geben will, darf nicht mit ihr verkehren.« Keine Parksorgen, keine Hotelfrage, kein Schütteln von warmen Koteletts, kein abgestandener Zigarettenrauch. Statt dessen hängt (wahrscheinlich) mein Foto an der Kojenwand. Wenn Sie dort vorbeikommen, dann schauen Sie sich mein Porträt gut an und Sie werden mir recht geben: Sie haben nichts versäumt, wenn ich nicht komme.

Ein einziges Mal war ich auf der Frankfurter Messe. Da war ich noch ein Greenhorn. Ich hatte gerade mein erstes Buch verfaßt und an den Mann gebracht, nachdem es zuvor von 20 Verlagen abgelehnt worden war. Ich hatte folgende Hochrechnung angestellt: Es gibt mindestens 15 Millionen Familien in Deutschland, wenn nur jede hundertste mein Buch kauft, und das ist anzunehmen, so macht das 150 000 Stück.
Es waren 8 000. (Inzwischen stimmt die Hochrechnung.) Mich schmetterte das nieder. Mein damaliger Verleger aber nannte das großartig; und in dankbarer Stimmung spendierte er mir

abends im Hessischen Hof, in dem er residierte, Erbsensuppe mit Würstchen.
Was ist mir in Erinnerung geblieben, außer der Erbsensuppe? Wie schön es war, wieder zuhause zu sein.

Exlibris für G. F.

Ich überfliege mein Buch.
Großer Fisch?
Kleiner Fisch?
Schmetterling?
Mensch!

Was man nicht weiß, sollte man
wenigstens ahnen.

Niemand kann zween Herren dienen:
Wer verspricht, kann nicht Wort halten.

Wer kein Kunstwerk ist,
sollte wenigstens eines tragen.

Wie kann man sich langweilen,
wenn man nichts zu tun hat!

Weisheit ist ein Pseudonym für
schlechte Erfahrungen.

Zuhören ist die Kunst des Schlafens mit offenen Augen.

Je weniger Gedanken einer hat,
desto freigebiger pflegt er damit umzugehen.

Vorsicht! Klugheit hat schon mehr
Menschen unglücklich gemacht als Dummheit.

Begeisterung ist
Mangel an Erkenntnis.

Heutzutage kann man sich schon mit einem
Minimum an Logik das eigene Grab schaufeln.

Preußen hui, Preußen pfui

Manche meinen: Das Antlitz Preußens ist das einer faszinierend schönen Ex-Geliebten, die einen schlechten, streitsüchtigen Charakter hat.
Manche meinen: Das Antlitz Preußens ist das einer unansehnlichen, hausbackenen Frau, die aber ein goldenes Herz hat.
Richtig ist, daß Preußen gar keine Frau, sondern ein Mann ist, und bei einem Mann spielen abstehende Ohren keine große Rolle.
Aber wie sieht es nun mit dem Herzen aus?
Seit vor einigen Jahren der Preußen-Bazillus so überraschend virulent wurde, wird dieses Herz peinlich genau untersucht.
Das Bedauerliche ist, daß nicht nur Internisten sich darüber hergemacht haben, sondern auch Orthopäden, Hals-Nasen-Ohren-Ärzte, Dentisten und Naturheilpraktiker. Wenn man die Ergebnisse – rund fünfzig Neuerscheinungen und vierhundert wieder aufgelegte alte Bücher – liest, stellt man mit Verblüffung fest, daß dieser Kör-

per Preußen mindestens ein halbes Dutzend Herzen gehabt haben muß.
Die Wahrheit ist, daß es nur eines hatte, und daß dieses Herz Preußens sehr einfach war. (Ich sage »war«, denn Preußen ist ja seit 1947 durch Kontrollratgesetz verboten.) Mit einer, nicht alltäglichen, Einschränkung: Die modernen Internisten stellten fest, daß Preußens Herz einen »Linksschenkelblock« hatte. Ein medizinischer Fachausdruck. Da Sie nicht wissen werden, was das ist, muß ich es Ihnen erklären. Ich kann es, denn ich leide organisch selbst darunter: Das Herz ist, vereinfacht gesagt, zweigeteilt. Der Blutstrom kreist in der einen Hälfte nach links herum, in der anderen nach rechts herum. Wenn nun der eine Halbkreislauf blockiert ist (zum Beispiel als Folge einer schweren Infektionserkrankung), so muß der andere die ganze Arbeit tun. Das geht, ist aber eine sehr, sehr schwierige Sache. Links gehört halt dazu.
Preußen war Zeit seines Lebens nach »links« blockiert. Das ist weder für einen Menschen, noch für einen Staat tödlich; es bedarf bei einem Linksblock erst eines Kontrollrat-Gesetzes, um dem Leben ein Ende zu machen.

Der liebe Gott mag wissen, warum die Alliierten Preußen »verboten«.
Es heißt ausdrücklich, daß Preußen kriegerisch war. Man hätte in jeder Statistik leicht nachlesen können, daß das nicht stimmt. Der amerikanische Soziologe Quiency Wright hat die europäischen Kriege von 1480 bis 1940 untersucht, um festzustellen, wie oft Preußen an ihnen (meist ohne sie provoziert zu haben) beteiligt war. Es steht hinter England, Frankreich, Spanien und fünf anderen Staaten erst an neunter Stelle! Nein – das war nur ein Vorwand; einem alten Volksmärchen zuliebe.
Ich habe den Verdacht, die Alliierten wollten das Land mit dem penetrantesten Ehrgefühl beseitigen!
Es war ein Schlag ins Wasser; sie hätten ihn sich sparen können. Preußen ist kein Land, Preußen ist eine Haltung, ein Stil. Und ein Stil hängt nicht an Grund und Boden. Er sitzt im Herzen. Damals, als die Alliierten Preußen verboten, 1947, wurden die Preußen in alle Winde verstreut und nahmen den preußischen Stil mit. (Ich meine die »echten« Preußen, nicht das Sammelsurium, das seit 1870 das Land schon füllte.)
Es ist nicht so leicht, ihn zu definieren: Wahrhaftigkeit gegen sich selbst, Pflichterfüllung im

Kleinen in dem Bewußtsein, daß das Kleine ein Teil des Großen ist.
Preußen hat aus einem Land ein Vaterland gemacht zu einer so frühen Zeit, als andere über das Bewußtsein von Scholle und Dorf noch nicht hinausgekommen waren. Preußen hat aus dem Vaterland, ebenfalls sehr früh, einen Staat und dann aus einem Staat eine Idee geschaffen.
Preußen als Stil: Das ist auch Einfachheit und vor allem Disziplin.
Das alles fühlt man. Was man aber als Nicht-Preuße so schwer erkennen und noch viel schwerer glauben kann: daß den preußischen Stil Armut und Einfalt ausmachen. Beides hängt eng zusammen. Preußen ist begeistert und nüchtern zugleich. Ein Preuße begeistert sich an der Idee, aber er schreckt zurück vor allem Unüberschaubaren. Er hätte Angst, sich von der Erde abzuheben. Der Preuße ist einfältig; er will nicht hinter die Dinge kommen, um sie für sein Leben zu übersetzen.
Kargheit, Einfalt, Disziplin.

Woran erkennt man einen »echten« Preußen? Nicht am Monokel, das ist wilhelminisch. Und nicht am »icke, dette, kieke mal«, das ist Berliner Schusterjungen-Sprache.

Auch nicht am Paß. Man erkennt ihn überhaupt nicht auf den ersten Blick, sondern erst nach längerer Prüfung durch das Schicksal.
Am wenigsten erkennt man ihn als »Rasse« oder Typ. Auch die Bayern sehen nicht alle gleich aus, aber es gibt doch so etwas wie den »typischen Bayern«. Preußen hat keinen Typ. Friedrich II. war klein und hatte ein etwas zurücktretendes Kinn. Blücher hatte ein scharfes Kinn und eine Hakennase. Bismarck war ein Riese, Adolph Menzel ein Zwerg. Freiherr vom Stein sah jüdisch aus, Friedrich Wilhelm III. stark englisch. Der eine hatte ein Temperament zum Fürchten, der andere war eine Schlafmütze.
Der Preuße ist in Wahrheit eine rechte Promenadenmischung. Das ist ja das Verwirrende. Da sind von altersher Germanen drin, dann östliches Blut, schwedisches, jüdisches und schließlich sehr viel französisches durch die Hugenotteneinwanderung. Vielleicht ist das überhaupt die wichtigste Zutat. (Hugenottische Urgroßmütter sind augenblicklich große Mode und dienen wie einst die »arischen« für einen preußischen Ahnenpaß.)
Die Einwanderer-Schübe begannen schon unter dem Großen Kurfürsten. Als in Frankreich die grausamen Protestanten-Verfolgungen ausbra-

chen, gab er den Hugenotten eine neue Heimat. Er schenkte ihnen Land und gewährte ihnen Darlehen zum Bau von Werkstätten, Häusern, Fabriken. Gelehrten und Geistlichen zahlte er, wenn er sie nicht anders unterbringen konnte, ein Gnadengehalt. In einem Schub kamen an die 20 000 Flüchtlinge und siedelten in allen Orten Brandenburgs, auch im fernen (damals abschreckend fernen) Ostpreußen. In dem 18 000 Einwohner zählenden Berlin war schon bald jeder sechste ein Hugenotte.
Später, als die Glaubensverfolgungen im Österreichischen losgingen, nahm Preußen auch die Salzburger Flüchtlinge auf.
Wohin retteten sie sich alle? In ein böses Preußen? In ein despotisches? Nein, sie retteten sich in die Ordnung und Gedankenfreiheit.
Preußen mit seinem nach links tauben Herzen war immer liberal. Liberal hatte damals noch keinen politischen Beigeschmack. Es bedeutete nur: duldsam, verständnisvoll, frei von Haß und Geifer. Das Denken war besonders in Berlin tolerant. Auch die zugewanderten Juden haben das dankbar gespürt. Sie zählten nach einigen Generationen zu den preußischsten aller Preußen.
Sogar der sogenannte Soldatenkönig, als Regent ein jähzorniger Tyrann, brachte das psychologi-

sche Kunststück fertig, als Preuße bewunderns-wert liberal zu sein. Auch er holte die Verfolgten und Flüchtigen ins Land, Bauern, Techniker, Handwerker. Sie lehrten die Preußen viele Dinge, den Tabakanbau, die Fayence-Herstellung, das Seidenspinnen. Es kamen Ärzte, Apotheker, Uhrmacher, Weber: der freizügige Geist trug Früchte.

Nach ihm Friedrich der Große. Als die anderen Serenissimi noch die Knute schwangen, war er der erste, der 1763 die Leibeigenschaft »in allen königlichen, sowie adligen und Staatseigentums-Dörfern« abschaffte.

Zugegeben, auch unter Friedrich war man feudal, aber man dachte nicht feudal. An seinen Bruder schrieb der König einmal hitzig: »Haben Tugend und Talente Vorfahren nötig? Alle Menschen, von denen die Erde wimmelt, sind Kinder eines Vaters, und trotz allen Hochmuts, den Euer Rang Euch gibt, sind sie von Eurem Blut!« Und: »Jeder soll nach seiner Façon selig werden.«

Das ist preußisch.

Als ich hörte, daß man für 1981 eine große Preußen-Ausstellung plante, kramte ich in meinem Gedächtnis und dann im Brockhaus und im Meyer, um eine runde Jubiläumszahl zu finden.

Aber weder vor fünfzig, hundert, hundertfünfzig, vor dreihundert Jahren war ein König geboren, noch einer auf den Thron gekommen, noch einer gestorben. Kein Staatsakt vollzogen, keine Völkerschlacht geschlagen. Schließlich erfuhr ich von des Pudels Kern: 1781 ist der Baumeister und Maler Karl Friedrich Schinkel geboren. In Neuruppin.

Ich war verblüfft. Und jetzt noch empfinde ich die Wahl dieses Jahres nicht nur als unverständlich, sondern als Scharlatanerie.

Schinkel war Preuße. Natürlich. Aber in einer »Bestsellerliste« der Preußen würde er über den fünfzigsten Platz nicht hinauskommen.

Wer ist eigentlich auf die Idee gekommen, Schinkel zum Anlaß eines Preußenrummels zu nehmen? Es ist mir unbegreiflich. Oder bin ich nicht genügend über die Hintergründe informiert?

Das Ausland hat das »Preußenjahr« offenbar abgesegnet. Das ist erstaunlich, wenn auch erfreulich. Erstaunlich ist es, weil Preußen doch verboten und keines Gedankens wert ist. Erfreulich, weil es zeigt, daß die einstigen Alliierten sich offenbar von dem Alptraum Preußen befreit haben. Für mich ist noch eine andere Erkenntnis über alle Maßen verwunderlich: Niemand

scheint bisher gemerkt zu haben, daß man in diesem Jahr dem preußischen Herzen einen Schrittmacher eingesetzt hat!!
Das ist gut so. Das entspricht dem Eid des Hippokrates. Man kann nicht Leben »verbieten«, und man darf keinen Amputierten in die Grube werfen.

Kommen wir zurück auf den Anfang dieses Aufsatzes. »Manche meinen, das Antlitz Preußens...«
Wenn *Sie* unbedingt meinen wollen, empfehle ich Ihnen zu meinen, daß Preußen eine Jeanne d'Arc, eine Jungfrau von Orléans, war. Die Jungfrau von Orléans stammte vom Land und ist auch in blitzender Rüstung immer das naive Bauernmädchen geblieben. Sie konnte sehr begeistert werden – nie von Profanem, immer nur von der einen Idee des Vaterlandes. Sie war redlich. Sie war immer ärmlich. Sie wuchs mit dem Leiden und Darben.
Sie wurde immer verleumdet. Schließlich zu Unrecht angeklagt, von den Siegermächten zu Unrecht verurteilt und hingerichtet.
Natürlich kann man über eine »Jeanne d'Arc« auch ganz anders schreiben; aber kein Franzose würde es tun.

Mein Leben besteht nicht darin,
der Feind von irgendwas zu sein.
Mein Leben besteht darin,
der Freund von was anderem zu sein.
Meine Liebe ist größer als mein Abscheu.

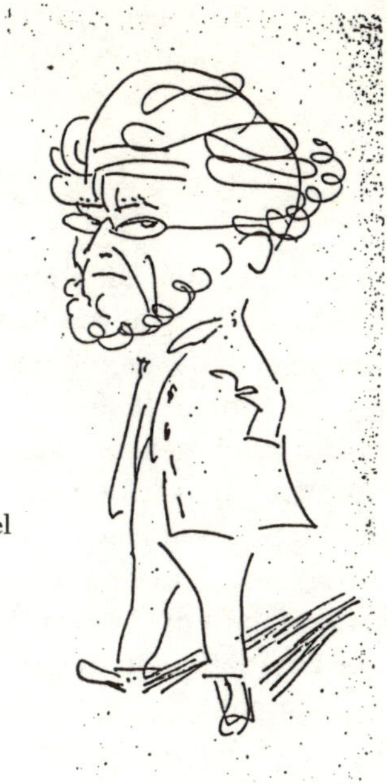

Adolph Menzel

Was halten Sie vom Alten Fritz?

Natürlich haben Sie eine Meinung. Das heißt, natürlich ist es nicht. Vor Jahren machte ein Institut eine Umfrage, dabei kam heraus, daß einige ihn für den Nachfolger Bismarcks hielten, einige ihn ins Spätmittelalter verlegten, und andere nichts weiter von ihm wußten, als daß er »König von Deutschland«, ein Despot war und einen Krückstock trug, mit dem er prügelte. Können Sie sich vorstellen, daß die Jugend Frankreichs, Englands, Polens über einen der größten Söhne ihres Volkes so spricht?

Ist der Alte Fritz einer der größten Söhne Deutschlands? Nach dem Demutsrausch von 1945 kehrt langsam die Erkenntnis zurück, daß er eine bewundernswerte Gestalt der Geschichte ist, nicht nur als Staatsmann, auch als Mensch. Ja, sogar ganz besonders als Mensch.

In den alten König ist viel hineingeheimnißt worden. Das wahre Geheimnis liegt in seiner Jugendzeit. Er war als Sohn des »Soldatenkönigs« Friedrich Wilhelm sehr streng und lieblos erzo-

gen worden, worauf er so reagierte, wie auch heute ein sensibles Kind reagiert: Er verkroch sich in sich selbst, er wurde ein heimlicher Träumer. In seinem Freunde Leutnant v. Katte fand er eine gleichgestimmte Seele.
Wovon träumte der Königssohn? Von einem liberalen Staat, wie man heute so oft (modisch) hört? Von Individualismus, von der Freiheit von jeglichem Zwang? Ganz gewiß nicht! Wer jene Zeit kennt, weiß, daß der Glaube an den Souverän, an die Staatsräson, an die gottgewollte Rangordnung tief in den Menschen verwurzelt war. (Sogar einem solchen Rauhbein wie Friedrich Wilhelm war die Person des über ihm Stehenden, des Kaisers in Wien, heilig.) Also, wovon träumte er? Darf ich es Ihnen auf meine Art sagen: Er träumte davon, Fritz Meier zu heißen oder das zwanzigste Kind des armen Johann Sebastian Bach zu sein. Der Vater hat auch nie kompliziertere psychische Irrungen Friedrichs vermutet. Ihn erfüllte lediglich die Sorge, statt eines pflichtbewußten Thronfolgers einen unnützen Musensohn und Querpfeifer zu haben. Seine Heilmethoden waren fürchterliche Roßkuren. Als Friedrich und Katte die Flucht vorbereiteten, schlug der Alte zu: Der Kronprinz bekam Festung, Katte wurde vor seinen Augen hingerichtet.

1740 starb der Soldatenkönig. Ein verwandelter Friedrich bestieg den preußischen Thron. Es dämmerte ihm das wahre Wesen seines Vaters. Er haßte ihn nicht mehr, aber ein anderes Gefühl schlich sich ein und bestimmte fortan sein ganzes Leben: die Verachtung für das so gepriesene »Ebenbild Gottes«. Es ist nicht wahr, daß er die Menschen verachtete; er verehrte große Geister und zog sie an seinen Hof, er hatte Mitgefühl mit den Leidenden, er schaffte als Erster in der Welt die Folter ab, er verfügte die Gleichheit aller Menschen vor Gericht, er hob die letzten Reste der Leibeigenschaft auf, er gab den Glaubensverfolgten aus Österreich und Frankreich eine neue Heimat und schenkte ihnen Land, er ließ Sümpfe trocken legen, er befahl den Anbau der (damals noch unerprobten) Kartoffel als Volksnahrungsmittel – nein, er verachtete nicht die Menschen, er verachtete die miserable Schöpfung Mensch. Er schloß sich nicht aus.

Aber ein Träumer war er immer noch. Träumer kann man nicht heilen; er blieb es in Wahrheit sein Leben lang. Nur die Inhalte wechseln. Jetzt, da er König war, wollte er es dem Vater mal zeigen! Er wollte ein Prinz Eugen, ein Condé werden!

Eines Tages überraschte er den Hof mit dem

Entschluß, von Maria Theresia in Erfüllung eines alten Erbvertrages die Abtretung des größten Teils von Schlesien zu verlangen. »Die Befriedigung«, schrieb er später, »meinen Namen in der Öffentlichkeit und in der Geschichte zu sehen, hat mich verführt.«
Wien lehnte empört ab, Friedrich erklärte den Krieg. Gewiß haben Sie schon einmal gehört, daß Friedrich nicht den Schimmer einer Berechtigung zu seiner Forderung hatte. Aber so kann man die Sache nicht wegwischen. Urteilen Sie selbst: Es bestand ein alter Erbvertrag, demzufolge die schlesischen Länder nach Aussterben der dortigen Herzöge zu Brandenburg kommen sollten. Mit ausdrücklicher Billigung des Kaisers! Der Fall trat ein, aber der nächste Kaiser widerrief, gänzlich unberechtigt, die Billigung, um Schlesien für das Haus Habsburg zu kassieren. Unter diesem verunsichernden Eindruck ließ der Große Kurfürst den Anspruch fallen und sich mit dem Kreis Schwiebus trösten. Nun aber war mit Maria Theresias Vater der letzte Habsburger, das heißt, der letzte Erbe Schlesiens, gestorben, und die Frage der Weitervererbung war keineswegs völlig unsinnig. Oder?
Nun – Friedrich siegte in beiden Schlesischen Kriegen und gewann auch den Siebenjährigen.

Er entpuppte sich als eine der größten Feldherrn-Begabungen der Geschichte. Dennoch würde er den Krieg verloren haben, wenn nicht zwei Ereignisse ihn gerettet hätten: England unterstützte ihn mit viel Geld, und die Zarin Elisabeth, die ihn haßte, starb im richtigen Augenblick.
Gleich in seiner ersten Schlacht hat Friedrich noch die letzte charakterliche Wandlung durchgemacht. Er mußte in der Schlacht von Mollwitz entdecken, daß er feige geflohen war. Der Schock war so groß, wie der in seiner Jugend. Er kam auch über ihn hinweg. Fortan scheute er keine Gefahr mehr. Sollte ich, so verfügte er gleich danach, in Gefangenschaft geraten und als Geisel benutzt werden, so ist ohne Rücksicht auf mein Leben weiterzukämpfen.
Es war die Geburtsstunde des Preußentums. Er war der erste Diener des Staates geworden. Deutschland begriff es sofort, das Volk, auch unter feindlichen Fürsten, begann, ihn zu verehren. Er war nun »Friedrich der Große«, jetzt, wo er es gar nicht mehr sein wollte.
Adolph Menzel hat eine kleine, erschütternde Vignette vom Alten Fritz gezeichnet: Vor den hoch in den Himmel steigenden Pilastern von Sanssouci sitzt im verschlissenen Waffenrock

winzig der König. Allein. Einsam. Zufrieden? Verbittert? Er denkt an Katte, an Mollwitz – was für Umwege, was für Schmerzen, um zu sich selbst zu finden!
Nicht nur für Könige, Alter Fritz, nicht nur für Könige!

Ich sehe mit nahendem Alter sich Dinge ereignen, die lebensunlustig machen, und es ist sehr schwer zu entscheiden, ob es nicht die Vorbereitung auf das leichtere Abschiednehmen ist, wenn sich die Fälle in ihrer Belastung der Stimmung häufen.

Lieben – Hassen,
Bewundern – Beneiden.
Was ist das Stärkste?
Die Gleichgültigkeit.

Vom Geld, das niemand haben wollte

Ich meine nicht Kauri-Muscheln, die früher bei einigen Südseevölkern als Zahlungsmittel angesehen wurden. Nein, ich meine natürlich echtes, das heißt vom Staat ausgegebenes, geprägtes Geld.

Nun könnte ich Ihnen einfach das Stichwort sagen, es würde in Ihrer Erinnerung den (wie die Zoologen es nennen) »Aha-Effekt« auslösen, und mein ganzer Aufsatz wäre beim Teufel. Da kennen Sie die Schriftsteller schlecht! Selbstverständlich fange ich ganz woanders an. Es muß freilich ein Anfang sein, der Sie interessiert. Zum Beispiel: Die Schweiz hat nicht sehr viele Erfindungen gemacht; die überragendste und segensreichste ist das »Nummernkonto«.

Ein sehr geeigneter Anfang, um so mehr, als er falsch ist. Die Erfindung des Nummernkontos liegt über zweitausend Jahre zurück. Aber daß sie in einer Art antiker »Schweiz« gemacht wurde, das stimmt tatsächlich, nämlich in Delphi.

Ich überlege, ob ich Ihre Schulkenntnisse auffrischen muß. Es ist wohl besser: Delphi lag in Phokis, in Mittelgriechenland, war der Sitz der Pythia und galt als heilig, immun und neutral. Es bestand, wie es sich für neutrale Staaten gehört, aus Tempeln und Banktresoren. Eine gesunde Mischung, wie jedermann einsehen wird. Alle größeren griechischen Städte (die ja selbständige Staaten bildeten) besaßen dort ihre Schatzhäuser. Sie waren vollgestopft mit Weihgeschenken, mit Gold, Silber und Geld. Man konnte auch bei der delphischen Priesterschaft Geld hinterlegen. Ein Mann wie Kallias, der Rockefeller des alten Griechenland, wäre natürlich nie so töricht gewesen, sein Geld in den Strumpf zu stecken oder im athenischen Schatzhaus zu hinterlegen, wo es jederzeit vom Finanzamt kontrolliert werden konnte; er deponierte es auf Nummernkonto bei den Priestern. Übrigens, um es im Strumpf aufzubewahren, hätten alle Strumpfhosen Griechenlands nicht ausgereicht. Er hatte sein Vermögen mit Silbergruben gemacht und soll zweihundert Talente (nicht identisch mit seinem Talent, Geld zu machen) besessen haben. Ich sage »soll«, denn wie bei Rockefeller: »Nichts Genaues weiß man nicht.« Ein Talent war die größte Einheit, und zweihundert Talente sind ein märchenhafter Betrag. Nach heutigen Verhältnissen besaß ein Talent wahrscheinlich die Kaufkraft von einer Million Mark. Nein, das ist noch zu niedrig angesetzt. Ein Ochse kostete zur Zeit Solons fünf Drachmen. Was kostet ein Ochse heute? Sagen wir dreitausend Mark? Also sechstausendmal sechshundert Mark, das sind drei Millionen sechshunderttausend Mark gleich einem Talent. Herr Kallias besaß also, das sieht schon besser aus, runde siebenhundert Millionen Mark. Wenn er in Delphi erschien, machten die Delphine einen tiefen Bückling. Etwas anders verhielten sie sich, wenn ein scheuer Kunde auftauchte und nach einem anonymen Konto verlangte. Das geschah regelmäßig nach einem Krieg, an dem Sparta beteiligt gewesen war.

Auch die Schweizer Banken kennen das, wenn in Afrika ein Malheurchen passiert ist und ein schwarzer Herr sich mit Reisetasche ins Ausland begibt.

So ähnlich müssen wir uns das auch in Delphi vorstellen.

»Herr«, meldete der subalterne Priester, »draußen steht der spartanische König Leotychidas und möchte ein Nummernkonto anlegen.«

»Soll hereinkommen!«

»Wie muß ich ihn anreden?«

»Überhaupt nicht, natürlich. Du hast ihn nie gesehen.«
»Sehr wohl, nie gesehen.«
Es war wirklich Leotychidas (479 v.Chr.), und was er, der König des sprichwörtlich redlichsten, saubersten griechischen Volkes, brachte, waren Gold und Devisen, und alles geklaut.
Nachdem er so sein Nest angelegt hatte, kehrte er zum Heer zurück und anschließend nach Sparta. Drei Jahre später klagten ihn die Ephoren (Oberste Verfassungsrichter) der Bestechung und der Kapitalflucht an, und die Gerosia (Ältestenrat) verurteilte ihn zur Verbannung. Er ging nach Arkadien, nicht ohne vorher noch sein Nummernkonto abgehoben zu haben.
Es ist höchste Zeit, daß Sie fragen: Was hat das alles mit dem Geld zu tun, das niemand haben wollte? Mit einem einzigen Satz sind wir mitten drin: Wenn die Gerosia dem Verurteilten erlaubt hätte, sein ganzes spartanisches Geld mitzunehmen, so wäre er dennoch verhungert. Das spartanische Geld wollte niemand in der Welt haben. Die Erklärung ist einfach: Es bestand aus Eisen. Es waren roh geprägte Eisenstücke. Um davon in Arkadien standesgemäß leben zu können, hätten für Leotychidas jeden Tag mehrere Ochsenkarren voll spartanischen Geldes ankommen müs-

sen. Einzelne Münzen waren überhaupt nicht an den Mann zu bringen, aber in solchen Massen hätte Leotychidas es vielleicht zum Schrottwert losschlagen können. Aus einer zeitgenössischen Erwähnung kann man entnehmen, daß der »Kurs« 1 : 1200 stand.

Sparta war darüber nicht etwa entsetzt, sondern im Gegenteil entzückt. Es war beabsichtigt! Um das zu verstehen, müßte man eigentlich Spartaner sein. Diese Menschen hatten sich einen Staat aufgebaut, der in der Geschichte beispiellos geblieben ist. Aus welchen Trieben er entstanden ist, weiß man bis heute nicht; vielleicht, als im 8. Jahrhundert die Bevölkerungsziffer derart zu sinken begann, daß man den Untergang Spartas und die stets drohende Versklavung befürchtete. Damals verwandelte sich Sparta in eine einzige große Garnison, und die Spartaner wurden lebenslängliche Soldaten. Mit sieben Jahren wurden die Knaben den Eltern weggenommen und bis zum neunzehnten Jahr blieben sie in »Kadettenanstalten«, in denen es hart zuging. Mit zwanzig wurde der junge Mann volljährig, das heißt, er blieb, was er war: Krieger. Er durfte heiraten, um Kinder zu zeugen. Das war, offen gestanden, nicht immer ganz einfach, denn die Spartaner waren vom Knabenalter an aus Führungsgrün-

den zur Paiderastia erzogen. Die Vermutung, daß nicht allein harte Erziehung, sondern auch die geschlechtliche Bindung der Männer aneinander der Grund für die unglaublichen militärischen Leistungen, für ihre Tapferkeit und Todesverachtung waren, ist sicher richtig. (Natürlich machten die Athener sofort ihre Witze. Ein berühmtes Scherzwort war: »Wer einmal in Sparta die Blutsuppe gekostet hat, weiß, warum die Spartaner so gern in den Tod gehen.« Die Blutsuppe war ihr Standard-Essen, wie in Italien die Pasta asciutta oder auf dem Balkan das Schaschlik. Dem verwöhnten Gaumen schmeckte sie demnach abscheulich, es ist aber durchaus möglich, daß sie so gut genießbar war wie manche ostdeutschen Gerichte, zu denen man auch heute noch Blut verwendet.)
Die übrigen Griechen haben Sparta bewundert, aber nicht geliebt. Ihnen schienen sie verbissen (das waren sie gedanklich) und freudlos (das waren sie nicht), sie schienen ihnen Menschen, die abseits lebten, die an der Kultur von Hellas kaum noch Anteil nahmen, die auf jeden Luxus verzichteten, auf alle Errungenschaften, auf alle feinen Genüsse, alle Bequemlichkeiten, alle liebenswerten Eitelkeiten und auf jede Leichtlebigkeit. Schmuck, Edelsteine, Gold und Silber zu

besitzen war verboten; nur der Staat hatte Devisen. Notgedrungen mußte er sie haben, wenn er »draußen« etwas kaufen wollte. Und er mußte manches kaufen, zum Beispiel Zedernholz aus Kleinasien für den Schiffsbau. Nie hätte Sparta auch nur ein Gramm Silber für seine Münzen ausgegeben. Es besaß Eisengruben, aber keine Gold- und Silberminen. Es schlug daher zwei Fliegen mit einer Klappe, wenn es sein Geld aus Eisen prägte: Es brauchte kein Silber, und jedem Spartaner wurde es so gut wie unmöglich, in der Welt herumzureisen. Jenseits der Grenzen war das Stück Eisen nichts mehr wert.

Die Spartaner hatten zuhause zu bleiben! Sie sollten die Verlockungen Athens, Korinths, Thebens nicht sehen. Sie sollten keine Sehnsüchte geweckt bekommen. Sie sollten auch keine Vergleiche ziehen.

Das kann bekanntlich leicht ins Auge gehen. Wenn die Seele verkümmert, steht es schlecht um ein Volk. Die Seele kann verkümmern, wenn die Menschen nichts als Geld und Wohlstand sehen, und sie kann verkümmern, wenn sie niemals Glanz und Kultur, Freiheit und Freude sehen. Sparta, erstaunlicherweise, hat nie das kritische Maß überschritten. Es gab Bildhauer und Erzgießer, die berühmt waren, wie Telestas, der

die Zeusstatue in Olympia schuf, es gab Keramiker und Vasenmaler, um deren Krüge und Vasen man sich in Athen riß. In der Frühzeit gab es auch Dichter und Sänger von großer Kraft wie etwa Tyrtaios; was sie besangen, war natürlich der Rausch des Kampfes, Vaterland, Tapferkeit und Heldentod.
Die anderen Lieder, die von Spiel und Liebe handelten, machte das Volk sich selbst und sang sie im Chor schmetternd bei den Festen, bei denen »gelacht werden durfte«. Man war gern fröhlich, und man konnte nicht nur herzlich, sondern auch mit Sarkasmus lachen, à la England. Die Spartaner waren wortkarg; als ein feindlicher Feldherr ihnen einmal drohte, Sparta dem Erdboden gleichzumachen, wenn er es erobert habe, sandten sie ihm als Antwort das einzige Wort: »Wenn!«
Es gab, vor allem für die Jugend, noch ein anderes Ventil, den Sport. Bei den Olympischen Spielen dominierten die Spartaner so wie heute die Russen. Nur fröhlicher.
Man konnte berühmt werden als Olympiasieger, als Bildhauer, als Baumeister, aber nicht reich. Man bekam Land geschenkt, erhielt ein paar Sklaven (wertvollster Besitz) und vielleicht einen Beutel voll Eisengeld, das gerade gut war, den

Schuster zu bezahlen oder für die Geliebte einen Blumenkranz zum Artemisfest zu kaufen. Das wertlose Geld – eigentlich nichts als ein »Gutschein« im engsten Kreise – war auch der Grund, warum sich kein fremder Künstler nach Sparta verirrte. Es heißt sogar, die Diebe seien nach Einführung des Eisengeldes und nach Verbot von Gold und Silber einträchtig ausgewandert. Die Spartaner, obwohl so streng, gehorsam und pflichterfüllt, müßten jedoch nicht Menschen aus Fleisch und Blut gewesen sein, wenn sie nicht verführbar gewesen wären. Leotychidas war nicht der einzige. Man wird mit langen Ohren zugehört haben, wenn Fremde aus Athen und Theben oder wenn heimgekehrte Kaufleute und Diplomaten von der »großen Welt« erzählten. Für einen gewöhnlichen Sterblichen war sie unerreichbar.
Reiste man mit Erlaubnis privat zu seiner Tante im nahen Korinth, so hatte man das verdammte Eisengeld in der Tasche, das man auch hätte zu Hause lassen können. Da begegnete man nun den entzückenden Hetären, die durch ganz Korinth trippelten, und hatte nicht eine einzige Silberdrachme im Ärmel! Man mußte den Onkel beiseite nehmen und herumdrucksen: »Könntest du mir nicht, verstehst du... für heute abend... ein paar...«

»Mein Junge, geh zur Akrokorinth hinauf, Nummer 48, da wohnt Lamia; bei ihr habe ich noch ein Guthaben von achtzig Drachmen stehen und werde es wohl nicht abarbeiten können. Schönen Gruß. Und gib mir dafür mal ein paar von deinen Eisenmünzen!«
»Unsere Eisenmünzen? Um Zeus willen, Onkel, wozu? Sie sind wertlos!«
»Heute, mein lieber Neffe, heute! In zweieinhalbtausend Jahren zahlt mir auf einer Münz-Auktion jeder Sammler gut und gern dreitausend Mark das Stück!«

Ein Mann ist immer der Nachfahre seiner Vorfahren, aber nicht immer der Vorfahre seiner Nachfahren.

Unser Leben beginnt mit dem Vergnügen anderer und endet mit dem Vergnügen anderer.

Bildschöne Frauen erleiden das Schicksal der Bibel. Man hat sie, aber man liest nicht darin.

Kein Mann ist wirklich häßlich, solange er reich ist, keine Frau, solange sie jung ist.

Alle guten Eigenschaften der Frau lassen sich in negativen Sätzen ausdrücken.

Manche Leute gucken unters Bett, um zu sehen, ob nicht jemand darunter liegt. Ich gucke ins Bett, um zu sehen, ob nicht jemand drin liegt.

Es gibt Frauen, denen man nicht ansieht, wie sittsam sie sind.

Übertrieben,
meine Lieben,
ist das Lieben
nur aus Trieben.

Die Pfui-Teufel-Story

Ein Film in 8 Episoden

3. Episode: Im Etablissement Perroquet Gris

Diele eines plüschig-vornehmen, aber auch gemütlichen Bordells im Paris von 1865.
Lucille (etwa 50 Jahre alt), schönes weißes Haar, wartet in einem Korbstuhl sitzend und in einem Magazin blätternd. Aus der unteren Etage, gedämpft, bescheidenes Klaviergeklimper. Eine Tür öffnet sich – für einen Augenblick sieht man im Zimmer ein nacktes Mädchen, das gerade aus dem Bett klettert – und ein etwas beleibter Herr von vierzig Jahren, Vollbart, tritt heraus. Mit einer leichten Kniebeuge richtet der Herr noch seine Preziosen im Sitz.

LUCILLE, *lebhaft auf ihn zugehend:* Nun, Monsieur Papillon, wie ist es gegangen?

M. PAPILLON, *erfreut:* Ausgezeichnet, Madame, ausgezeichnet! Und ich hatte schon das Schlimmste befürchtet!

LUCILLE, *höflich, aber überlegen amüsiert:* Sehen Sie, Monsieur, wie recht ich hatte? Sie sind

während Ihrer langen Abwesenheit einfach aus dem Tritt gekommen!
Ich kenne ja Madame Papillon: Eine vorbildliche Hausherrin und Mutter, aber kein Moses, der den Felsen bloß zu berühren braucht, um ihn sprudeln zu lassen.
Beide gehen dabei der teppichbelegten Treppe zu.

M. PAPILLON, *eifrig und stolz:* Und ich versichere Ihnen, Madame, Marie hat gar nicht nötig gehabt, etwas Besonderes zu tun.

LUCILLE, *heuchelt Bewunderung:* Tatsächlich? Ja, das glaube ich Ihnen!

M. PAPILLON, *lacht vor Vergnügen und reibt sich die Hände:* Also, noch zehn Jährchen, wie? Hören Sie, Madame, mir paßt Donnerstag immer am besten. Es wäre sehr liebenswürdig, wenn Marie dann –

LUCILLE: Selbstverständlich! Sie wird immer für Sie da sein.

Im »Salon«, selbe Zeit. Kaminfeuer, gemütliche Petroleumlampen bei mehreren Polstergruppen.
In einer Ecke sitzen Herren und spielen Karten, an einem Tischchen nimmt ein Gast einen kleinen Imbiß, ein offenherziges Mädchen in einem »halbseidenen«, mit Straußenfedern besetzten

Hausmantel leistet ihm Gesellschaft und bekommt ab und zu einen Happen in den Mund geschoben.

Am Fenster, vor den schweren Plüschvorhängen, stehen zwei Herren, rauchen Zigarren und unterhalten sich, an jeden schmiegt sich harmlos ein Mädchen. Keiner der männlichen Gäste (zwischen 30 und 65) ist sonderlich attraktiv, einer vielleicht zu dick, einer zu klein, einer stottert leicht, aber im ganzen soll es kein Raritätenkabinett sein.

Monsieur Papillon und Lucille betreten den Raum.

EIN HERR: Hallo, Papillon! Wie ist es gegangen?

PAPILLON: Alles in Ordnung! Und wie! Jetzt haben wir uns, glaube ich, eine Flasche Champagner verdient. Drei, Madame Lucille, bitte!

LUCILLE, *begegnet an der Tür der gerade eintretenden Marie und klopft ihr zufrieden auf die Wange:* Brav, Marie! Er ist überglücklich.

/Schnitt auf die Herren am Fenster/

DER KLEINE HERR, *zu seinem Gegenüber:* Und wer hat das Terrain gekauft?

DER ANDERE, *leicht stotternd:* Eine Ge-ge-gesellschaft. Ha-ha-heißt es.

DER KLEINE HERR: Herrgott, ist das ärgerlich. Wo haben Sie's gelesen? Paulette, hol bitte mal die Zeitung. Nein, laß, in eurem Käseblatt steht es bestimmt nicht drin. Madame soll endlich mal den »Figaro« halten.

/Schnitt. Auf die Kartenspielergruppe./
Zu einem der Kartenspieler hat sich ein Mädchen auf die Lehne gesetzt. Der Herr nestelt so nebenbei an ihren Knöpfen und holt die Brust heraus. Das Mädchen hält geduldig still und guckt ihm in die Karten.
Ein zweiter Kartenspieler und ein dritter machen l'hombre-Ansagen. Der mit dem Mädchen beugt sich zur Brust hin und küßt das Röschen.

2. KARTENSPIELER: Na, was ist nun? Spielen wir l'hombre oder Stehaufmännchen?
DAS MÄDCHEN: Monsieur Marette war schon vierzehn Tage nicht mehr oben.
M. MARETTE, *selbst erstaunt:* Was?! Vierzehn Tage! Wie die Zeit rast! Geh schon voraus, Mimi, sag' Madame Bescheid, ich spiele nur noch die Partie zu Ende.
SEIN PARTNER: Dauernd platzt ein Spiel. Ich werde dann auch nach Hause gehen. Kommen Sie mit, Dupont?
MONSIEUR DUPONT: Ich kann nicht, ich warte auf meinen Sohn.

MONSIEUR MARETTE: *Was?* Auf Ihren Sohn? Hier etwa?

MONSIEUR DUPONT, *weiter spielend:* Er ist 16 Jahre alt, und ich habe unschöne Dinge beobachtet. Wenn er unser Dienstmädchen sieht, kriegt er Gehbeschwerden. Man kann ein paarmal am Tage das Gewehr präsentieren, aber doch nicht acht Stunden lang. Ich will nicht, daß er eines Tages ein Mädchen schwängert oder an eine Nutte gerät.

Monsieur Marette räuspert sich.

DUPONT, *sieht ihn erstaunt an:* Nein, nein, mon cher, das will ich unter Kontrolle haben. Außerdem soll er in diese Sachen anständig eingeführt werden und was lernen. Das ist wichtig.

DER 4. HERR: Vollkommen richtig, Dupont. Ich bewundere Ihre Vernünftigkeit. Weiß Ihre Frau –

MONSIEUR DUPONT: Na, hören Sie! Das ist Männersache. Henri weiß auch nicht, daß ich hier bin. Das erledigt alles Lucille.

MONSIEUR MARETTE: Wann kommt er?

MONSIEUR DUPONT: Punkt zehn!

DAS MÄDCHEN MIT DER NACKTEN BRUST: Es ist viertel nach!

Sie geht zum Fenster, öffnet es und schaut hinunter. Dann, zurück ins Zimmer, leise: Da unten geht jemand auf und ab. Monsieur, er traut sich vielleicht nicht zu klingeln!

/Schnitt. Über das Mädchen aus dem Fenster auf die Straße. Schwache Gaslampen. Schnee./

Eine robuste Straßenhure spricht den Jüngling im dicken Ulster und Radsportlermütze an.
Er wendet sich ab. Sie packt ihn am Arm. Er schüttelt sie ab. Sie faßt ihm unter den Mantel und will ihn an sich ziehen. Da saust /Kamera schwenkt mit/ das Mädchen mit der nackten Brust vom Fenster weg, ruft: Paulette! Komm schnell! *und beide rennen aus dem Zimmer.*
/Schnitt. Vor der Haustür./
Paulette und Mimi, die sich im Laufen die Brust ins Mieder stopft, kommen aus der Haustür geschossen und stürzen sich auf die Hure.

MIMI, *haut ihr eine Ohrfeige:* Du mistige Hure, du!
DIE HURE, *wütend:* Du Bourgeois-Matratze, du Kapitalisten-Flittchen!
PAULETTE, *versucht, ihr Schnee in den Ausschnitt zu stecken:* Bourgeois? Daß ich nicht lache. Pfeife ist Pfeife!

DIE HURE, *versucht, sich zu wehren, und schlägt auch zu:* Ich darf genau wie ihr...

MIMI: Nicht auf unserer Straße, du Schlampe.

Die Hure läuft davon. Dann tritt PAULETTE *auf den Jüngling zu, macht einen Knicks und sagt:* Bonsoir, Monsieur! Madame Lucille erwartet Sie. Bitte, treten Sie ein, Monsieur!

/Schnitt. Wieder die Diele, anschließend ein Zimmer mit Bett./

LUCILLE, *den Arm mütterlich um die Schulter des bebrillten Henri gelegt, führt ihn zur Tür des Zimmers:* Das ist das Einfachste von der Welt, lieber Henri – nicht wahr, ich darf Sie doch so nennen?

Henri nickt stumm.

LUCILLE: Sie können ganz ohne Scheu sein. Die Mädchen sind reizend, es gibt keine, die Ihnen nicht alle Wünsche erfüllen möchte, keine, die es nicht gern mit Ihnen täte. Sie selbst brauchen gar nichts zu tun, nichts zu kennen, nichts zu wissen. Zwei Minuten später werden Sie ganz von selbst in Bewegung kommen.

Sie treten ins Zimmer. Im Zimmer saßen und hockten auf dem Fensterbrett oder auf dem Bettrand sechs junge Hürchen, die beim Erscheinen Lucilles aufspringen und sich im Halbkreis aufstellen. Alle haben lange seidene Hausmäntel und Schuhe an. Der Raum ist schummrig.

LUCILLE, *mit einem Lächeln:* Na, Henri? Sind sie nicht entzückend?

Henri nickt stumm. Er wirkt hilflos. Schüchtern dreht er seine Radsportlermütze in den Händen. Lucille nimmt ihm Mütze und Mantel ab und wirft sie über einen Stuhl.
Dann legt sie Henri die Hand über die Augen.

/Die Leinwand wird einen Augenblick schwarz/

Während der Sekunde des Abblendens ruft LUCILLE /Off/: Weg die Mäntel! *Wenn das Bild gleich darauf wieder aufblendet, sieht Henri, wie wir auch, im ersten Augenblick alles verschwommen, ehe das Bild ganz klar wird. Henri blinzelt heftig. Die sechs Mädchen stehen nackt vor ihm bis auf Schuhe und Strümpfe, die mit gerüschten Strumpfbändern gehalten werden.*
Alle sechs sehen appetitlich aus, sind aber sehr un-

terschiedlich im Typ. Auch eine recht Füllige ist dabei.
Henri fallen fast die Augen aus dem Kopf.

LUCILLE, *leise:* Nun wählen Sie, Henri ...

Henri läßt den Blick fasziniert mehrmals hin- und herschweifen und feuchtet sich die trockenen Lippen an. Dann zeigt er wortlos und etwas hölzern auf die Füllige.
Die Füllige wiegt sich geschmeichelt. Hinter Henri's Rücken macht Lucille dem dicken Mädchen Zeichen, wobei sie das Fingersignal noch mit den Lippen lautlos unterstützt: 1 Finger »einmal« – ja. 2 Finger »zweimal« – gut, auch. 3 Finger »dreimal« – nein, auf keinen Fall.

DIE DICKE, *lächelt und fragt flüsternd ihre Nachbarin:* Was meint Madame?

DIE NACHBARIN, *leise:* Zweimal darf er, dann sollst du Schluß machen.

DIE DICKE, *ebenso leise:* Fein! Dann bin ich in zehn Minuten wieder bei Euch. Macht schon Kaffee!

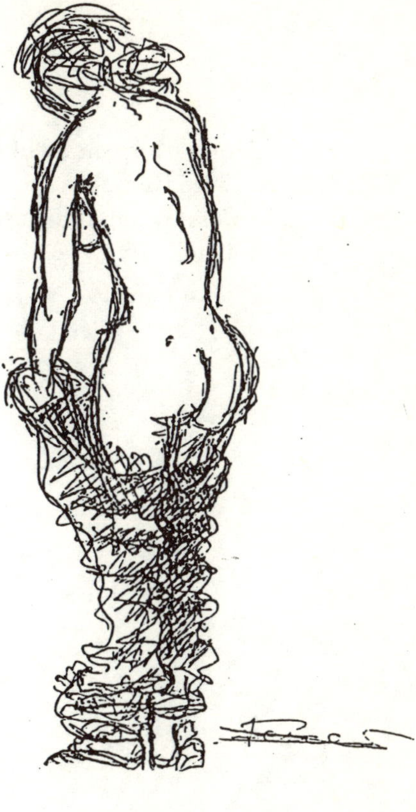

Eines Morgens steht der Garten
weiß im Raureif.
Professor, sehen Sie nur:
Meissen 1750.

Antworten

Auf die Frage einer Zeitschrift: »Welches war Ihr liebstes Kinder- und welches Ihr liebstes Jugendbuch?«

Aus meiner Vorschulzeit: »Das Viktor-Scheffel-Album«, das ich zwar nicht lesen konnte, aber vom ersten bis zum letzten Buchstaben auswendig wußte. Ich glaube, es hat mehr als dreihundert Seiten. »Als die Römer frech geworden ...« habe ich oft nachgespielt.
Aus meiner Jugendzeit: Van der Velde, »Die vollkommene Ehe«. Dieses Buch konnte ich zwar lesen, denn ich war dreizehn, aber ich konnte es noch nicht nachspielen. Das geschah dann erst später. Heute weiß ich, es ist ein saudummes Buch.

Auf eine Presse-Umfrage: »Werden wir überleben?«

Sie schon. Goethe nicht. Zufrieden?

Auf die Frage einer Wochenzeitung: »Woran glauben Sie?«

Ich hätte nicht gedacht, daß ich vor der Frage, woran ich glaube, so ratlos stehen würde. Mehr als ratlos; erschrocken. Woran glaube ich?
Was ist das überhaupt: »Glauben«? Es klingt fast, als hieße es soviel wie: Woran klammere ich mich, worauf vertraue ich als einzige Hoffnung, als letzte Zuversicht in dieser unheilschwangeren, furchterregenden Zeit? Merken Sie, wieviel eingestandene Sorge und Angst darin steckt?
Denn: So kann die Frage ja nicht gemeint sein, daß Reza Pahlevis Sohn antwortet, er glaube daran, daß Persien wieder frei und er selbst wieder Schah werden würde? Oder daß ein Regisseur antwortet, er glaube an die Unsterblichkeit des Theaters. Oder ein Wissenschaftler, seine Enkel würden dereinst einmal über Ostern zum Mars fliegen. Das Bekenntnis »Daran glaube ich« soll ja ein Blick in das Herz des Schreibenden sein, mehr noch: Es soll dem Lesenden auch etwas bedeuten.
Es gibt zweifellos Menschen, die in der glückli-

chen Lage sind, die Frage zu entkomplizieren und zu antworten: Ich glaube an die unbesiegbare Kraft der christlichen Liebe, die unsere Herzen wieder gesunden lassen und der Welt den endgültigen Frieden bringen wird. Wie beneidenswert! Es wird sie zwar nicht davor retten, verbraten zu werden, aber sie leben bis dahin wenigstens in einer schönen Illusion.

Wann hat ein gläubiger Christ eigentlich jemals für das diesseitige Leben hoffen dürfen? Vor hundert Jahren? Die Weltkriege kamen. Vor zweihundert Jahren? Die Französische Revolution kam. Vor tausend Jahren? Die Ungarn verwüsteten Deutschland. Immer gehofft? Immer vertraut auf die Macht der Liebe? Nie klüger geworden? Nie realistischer geworden? Realistisch heißt ja nicht lieblos; es heißt: innerlich gewappnet sein. Wirklich nur sehr naive Menschen können nach den Erfahrungen der Geschichte und des Zwanzigsten Jahrhunderts noch der Überzeugung sein, daß der Mensch eine gelungene Création und die Welt »letzten Endes« schön ist.

Und diese Création vermehrt sich mit rasender, todbringender Geschwindigkeit. Die Menschheit hat nach Christus anderthalb tausend Jahre gebraucht, bis sie um dreihundert Millionen Exemplare zunahm – eine Zahl, die heute in drei

Jahren erreicht wird! Seit 1945 haben sich die Menschen auf viereinhalb Milliarden verdoppelt. Wissen Sie, was die Geschichte der Tierwelt lehrt? Nicht, daß eines baldigen Tages die Koteletts nicht mehr reichen würden, nein, die Geschichte der Erde lehrt ein dramatisches Ende der hypertrophen Arten. Ein Hals-über-Kopf-Absterben.

Je mehr die Menschheit wuchert, desto mehr ist der Einzelne entwürdigt worden. Auf Schritt und Tritt bekommen wir zu spüren, daß wir nur noch eine Nummer im Computer sind. Notgedrungen wird man jede Individualität auslöschen müssen, um die viereinhalb Milliarden Fresser auf dem Erdball zu verwalten. Die Zyniker der Macht haben der Masse Mensch das beständige Gerede über »Freiheit« als Ersatzglück geboten. Tatsächlich ist unsere geistige Freiheit so erbärmlich wie nur noch in wenigen Epochen zuvor.

Alle alten Werte, die das geistige Leben einst zu großer Höhe gesteigert haben, sind heute schon verlacht. Das seelische Falschgeld kursiert. Pop-Kleber statt Rembrandt, Kreischer statt Caruso, Horror-Thriller statt Hamsun. Das Wachs für die Ohren des Odysseus wird den Nummernmenschen mit dem Stimmzettel, dem Schnuller unserer Zeit, gleich mitgeliefert.

Die Menschheit auf ihrer Wanderung zu Gottes Thron liegt auf halbem Wege besoffen im Straßengraben. Was uns – den wenigen Trauernden – einzig übrigbleibt, ist, trotz des Bewußtseins der Vergeblichkeit, ja Sinnlosigkeit, Haltung zu bewahren und den Kopf stolz so hoch zu tragen wie einst Marie Antoinette auf dem Schinderkarren.

Daran klammere ich mich.

Nun, zum Schluß, werden Sie mich fragen, ob ich nicht irgend etwas glaube, was Ihnen etwas abgeben kann.

Ja.

Und Sie werden überrascht sein:

Ich glaube, daß der Dritte Weltkrieg nicht stattfindet.

Daran glaube ich.

Das ist doch nicht übel?

Auf die Frage einer Fachzeitschrift: »Können wir Sie um ein Wort an die Jungbuchhändler bitten?«

Gerne. Aber ich weiß nicht, was. Ich verstehe nichts vom Buchhandel. Ich lese mit Spott die forschen Ratschläge, die Ihnen Außenstehende

erteilen, und sehe mit Amüsiertheit die Versuche, Ihnen zu schmeicheln. Das stimmt mich heiter. Ich persönlich glaube, daß ich Ihnen in Ihrer Eigenschaft als Jungbuchhändler gar nichts zu sagen habe. Ihre Situation in der Buchhandlung scheint mir verteufelt. Für den entschlossenen Käufer sind Sie nur ein Herüberreicher, für den »subtilen, kultivierten« sind Sie wahrscheinlich nur ein Hindernis bei seinem Vordringen ins Büro des Chefs, und für den Rest sind Sie auf jeden Fall einmal »zu jung«. Daß Sie mehr gelesen haben als er, glaubt Ihnen kein Mensch, daß Sie eventuell mehr Gehirn haben als er, schlägt bei Ihnen als Arroganz zu Buche. Herzliches Beileid.
Ich wäre eine Erholung für Sie! Ich komme nie im Dezember, ich gebe mich nie zu erkennen, frage nie nach meinen Büchern, bin unorientiert in der heutigen Literatur und daher über jeden verblüfft, der gut Bescheid weiß, mitunter empfiehlt man mir meine eigenen Bücher, und es gibt mir jedesmal einen tiefen Stich ins Herz, ablehnen zu müssen.
P.S.: Sollten Sie wirklich einmal eine Frage an mich haben, so schreiben Sie mir via Herbig-Verlag.

Auf eine Presse-Umfrage: »Ihr Traum vom Glück?«

In einem glücklichen Moment die Zeit anhalten zu können.

Auf die 4 Fragen der Arbeitsgemeinschaft Literatur eines Gymnasiums:

Meine Herren Sekundaner,

Ihr Brief hätte mich freuen sollen, denn er war klug und nett zugleich. Aber er hat mich in Wahrheit in die Lage gebracht, Sie enttäuschen zu müssen. Ich bin einfach überfragt.
Sie fragen nichts anderes, als warum Echnaton die Sonne bedichtet hat, warum der Ätna speit und warum ein Löwe brüllt. Derjenige Löwe, der Ihnen das sezieren kann, ist kein Löwe mehr. Mißtrauen Sie den fixen Reflektierern!
Nun zu den vier Punkten, die Sie wissen möchten:
1. Was ist das, Stellung in der Gesellschaft? Ich kenne die soziologischen Phrasen leider nicht. Die bürgerliche Stellung werden Sie ja nicht meinen. Meinen Sie den Nützlichkeitsgrad?

Meinen Sie die Berührungsgröße? Meinen Sie mein Verhalten? Den Nützlichkeitsgrad kann Ihnen Ihr OStR. weitaus glaubwürdiger nennen. Die Berührungsgröße ist die gleiche wie bei jedem normalen kultivierten, älteren Bürger. Mein Verhalten scheint mir dem eines Arztes zu ähneln: Sein Auge und sein Wissen verurteilen ihn dazu, ständig zu diagnostizieren, was diejenigen, die nur einen Schnupfen haben, mit Humor aufnehmen, und die, die Krebs haben, ärgerlich nicht glauben. »Leben« tut er abends mit abgestelltem Telefon, was ihm die Umwelt dann prompt übelnimmt.

2. Ich bin, außer für die Kunstschöpfung, nicht von vornherein engagiert. Engagieren tut mich Punkt für Punkt die Konfrontation mit dem Leben. Ich habe keine Ideologie.

3. Sie haben die Berufsbezeichnung »freier Schriftsteller« gründlich mißverstanden. Der Staat wird den Deibel uns eine besondere Freiheit gewähren. Das Wort bezeichnet, daß wir in keinem gebundenen Arbeitsverhältnis stehen. Ich fühle mich so frei und unfrei wie jeder andere loyale Bürger sein kann, der den Mut hat und bereit ist, Opfer dafür zu bringen. Die Opfer können sein: Beschimpfung, Verleumdung, wirtschaftliche Schädigung, Hoffnungslosigkeit für

seine Arbeit. Das sind keine Kleinigkeiten. Merken Sie sich aber eines: Es gibt in der Geschichte überhaupt keine Epoche, in der ein Mutiger seinen Mut nicht bezahlen muß.
4. Welche Bücher von mir ich Ihnen besonders empfehle? Alle. Und nun: Glück auf!, wie wir Hauer zu sagen pflegen.

Auf die Frage einer Wochenzeitschrift: »Welches ist in Ihren Augen die schönste Bibelstelle, und warum?«

1. Mose 6,5–7: »Als aber der Herr sah, daß der Menschen Bosheit groß war auf Erden und alles Dichten und Trachten ihres Herzens nur böse war immerdar, da reute es ihn, daß er die Menschen gemacht hatte auf Erden, und es bekümmerte ihn in seinem Herzen, und er sprach: Ich will die Menschen, die ich geschaffen habe, vertilgen von der Erde.«
Ja, ich weiß, es gibt schönere, erfreulichere, tröstendere Stellen in der Bibel. Ich habe sie nicht gewählt, ich will sie nicht hören, denn es ist nicht mehr die Zeit, nach schönen Worten zu suchen, und nicht mehr Zeit für Erbauung.
Nicht wahr, es wäre für Sie netter gewesen, bei

mir zu lesen »Fürchtet euch nicht, ich bin bei euch alle Tage« oder »Und Gott sah, daß es gut war«.

Nein, es ist nicht gut. Sehen Sie nicht wie ich, daß sich das Antlitz Gottes schrecklich verfinstert hat? Wir müssen ihm ins Auge sehen.

Ich höre Sie sagen: »Ach, so ernst und düster war die Frage nicht gemeint. Wissen Sie nichts Heiteres?«

Natürlich. Wie wäre es hiermit: »So dir jemand einen Streich gibt auf deinen rechten Backen, dem biete den anderen auch dar.«

Ihr fragt, warum
mich bangt? Ihr sagt,
der Herbst bringt Früchte,
nicht der Frühling?
Ach, mich erschreckt,
der Herbst ist da,
und auf dem Leben lag vielleicht
zu wenig Sonne.

Früher sah ich auf die Uhr am Turm,
heute seh ich auf die Länge meines Schattens.
Früher kannte ich die Sprachen vieler
Menschen,
heute kenne ich die Sprachen vieler Tiere,
gehöre nicht zum einen, nicht zum andern.
Bin allein.

Der große Medizinmann oder: Die Macht der Rede

Am Donnerstagmorgen schritt der sechsjährige Theo Wolf an der Seite seiner Mutter, ohne rechts und links zu schauen, zur Operation. Leider konnten seine Freunde es nicht sehen, denn sie waren alle in der Schule. Aber sie wußten es und dachten jetzt wohl an ihn. Und wenn es vorüber war, dann würden sie kommen und ihn besuchen. Etwas Ähnliches gab es nicht, soweit er denken konnte. Was war Huberts Brandwunde, was war die Sache mit dem Pulver gewesen gegen eine Mandel-Operation!
Mit einem seltsamen, unglaubhaften Mut stieg er die Treppen zur Praxis Doktor Freunds empor, gab ihm die Hand, verbeugte sich tief und harrte der Dinge, die kommen sollten. Ein Fräulein bemächtigte sich seiner, faßte ihn an der Hand und führte ihn hinter dem Doktor und seiner Mutter in das Operationszimmer. Daß die junge Dame seine Hand hielt, war ihm nicht angenehm, und er entzog sie ihr, sobald er konnte. Sie ging dann Gott sei Dank fort, kam aber noch

einmal zurück, hatte ein Thermometer geholt und machte sich nun an seinen Kleidern zu schaffen, wobei sie ihn zum erstenmal ansprach. Sie sagte, der »Onkel« Doktor wolle wissen, ob Theo »Fieberchen« habe, deshalb müßten sie jetzt einmal das »Blüschen« ausziehen und dieses »Thermometerchen« unter den Arm stecken und »hübsch still« halten. Theo ärgerte sich über diese Person und seine heldische Hochstimmung verminderte sich etwas. Er drehte sich aus ihren Händen weg und zog sich die Bluse selbst aus. Dann nahm er das Thermometer, schaute nach, ob es heruntergeschlagen war, und klemmte es unter seine linke Achselhöhle.

»Gut«, sagte in diesem Augenblick Dr. Freund zu seiner Mutter.

»Theo, ich habe eben mit dem Herrn Doktor ausgemacht, daß ich dabei bleibe, wenn die – das – das jetzt bei dir gemacht wird.«

»Ja, Mama. Und das Fräulein?«

»Sie wird auch dabei sein.«

»Sie braucht nicht dabei zu sein. Sie soll weg sein, Mama!«

»Aber sie hilft doch dem Herrn Doktor!«

»Dann mußt du eben helfen, Mama. Sie soll weg.«

Seine Mutter sah den Arzt fragend an. Dr.

Freund ging zur Tür und schrie hinaus: »Ich brauche Sie dabei nicht; nur wenn ich Sie rufe. Sonst bleiben Sie gefälligst draußen!«
Er nahm Theo das Thermometer fort: »Pute! Hast du Fieber, Theo?«
»Nein.«
»Na, also! Wozu dann messen! Ein Mann, ein Wort. Hast du Angst, Theo?«
»Nein.«
»Na, also! Ein Mann, ein Wort. Ich habe auch keine Angst, es kann losgehen.«
Er ging zu einem Glasschrank und legte einige Instrumente heraus. Bei jedem, das er zur Hand nahm, probierte er, ob es auseinanderklappte oder zusammengriff oder sich drehte oder scharf war, und bei jedem murmelte er »So!« und tauchte es in eine Flüssigkeit. »Setz dich in den großen Stuhl, Theo«, sagte er dann und fuhr ein Tischchen herbei, auf dem nun alle Instrumente lagen. Theo betrachtete sie: Am wenigsten gefiel ihm das Messer.
»Auf diesem Stuhl«, begann der Doktor nun seinen Operationsmonolog, indem er zugleich Theos Kopf zurück auf die Kopfstützen drückte, so daß Theo das Gesicht seiner Mutter direkt über sich sah, »auf diesem Stuhl hat vor acht oder neun Jahren dein Bruder Emil gesessen.«

»Ja?« sagte Theo. Bei dem »Ja« schob ihm Dr. Freund etwas seitlich zwischen die Zähne.
»Ich steck dir das mal dazwischen, dann brauchst du den Mund nicht immer so angestrengt offen halten, nicht? Ja, Emil saß hier. Er hatte ein Furunkel, ein Geschwür auf der Nase, stell dir das vor! Ich pinsle dir schnell mal den Hals aus, Theo, – so – schon gut. Dasselbe wollte ich damals bei Emil machen, nicht im Hals natürlich, nur auf der Nase. Du kannst dir nicht vorstellen, was für ein Geheule das war. Ich dachte, der Junge kratzt mir die Augen aus. Dabei ist das doch nun wirklich nicht schlimm, nicht wahr? Auf der Nase schon gar nicht! Na, nun hatten wir wenigstens das eine hinter uns. Deine Mutter stand auch so da, genau wie jetzt. Ich sagte also zu Emil, hör zu, ich muß mit dem Messer – mit demselben, das ich in der Hand habe – einen kleinen Schnitt machen, wirklich nur einen winzigen Schnitt. Unmöglich! Fürchterliches Geheule! Ich nahm ein Stäbchen, berührte damit das Furunkel – halte jetzt einen Moment still, Theo, hast du etwas gemerkt, nein? Gut – berührte damit die Nase genau so wie jetzt deine Mandeln und fragte, ob es weh täte. Er schrie, es täte entsetzlich weh. Du schüttelst den Kopf? Na ja, ich sage es ja: Er log. Er hatte eben Angst,

nichts als Angst. Deine Mutter sagte ihm, er solle doch vernünftig sein, es *könne* ja gar nicht weh tun, es sei ja durch die Einpinselung betäubt. Die Stelle, die eingepinselt ist, sei so, als wenn sie schliefe, sie merke nichts mehr. Erst später, am Nachmittag oder morgen, wache sie auf, wenn es Kaffee und Kuchen gäbe.
Wie ist das: Ißt du auch gern Kuchen? Ja? Wenn wir hier fertig sind, schreibe ich dir extra eine Bescheinigung, einen Zettel, daß du bei Tomaszewski Biskuittorte und Sahne bekommst. Haha! Da lachst du! Wenn ich nachher sage: ausspucken, dann spucke hier hinein. Halte dir diese Schale unter den Mund, so, ja. Aber laß sie nicht fallen. Mit beiden Händen! Und ja nicht loslassen! Gut. Emil hatte keine Schale. Wozu auch? Ich wollte ja nur einen Schnitt machen. Also kurz und gut, er ließ es nicht. Ich fing an, ihm alle möglichen spaßigen Dinge zu erzählen, ich sagte, jeden Tag kämen Leute mit solchen Furunkeln zu mir, es sei eine Kleinigkeit, einer zum Beispiel hätte eine so große Beule gehabt, daß er sie auf einem solchen Tisch wie diesem hier vor sich her fahren mußte. Ich hätte einen Schnitt gemacht, und es sei sofort gut gewesen. Ja, denkst du, Theo, er hat gelacht oder gesagt: Na, jetzt schwindeln Sie aber, Herr Doktor! Keine Spur. Er schrie. Er

hatte eben keinen Mut. So, Theo, nun ganz still halten und nicht die Schale loslassen; deine Mutter wird dir jetzt den Kopf ein bißchen halten. Nachher gleich ausspucken, ja? Also jetzt still –«

»Arrrrrr« gurgelte Theo, das Messer fuhr ihm ein-, zweimal im Hals herum, es gab einen stechenden Schmerz, und dann war der ganze Mund voll warmen Zeugs. Blut, fiel ihm ein, und ihm schwindelte. In die Schale floß ein rotes Rinnsal.

»In Ordnung«, sagte Dr. Freund, fuhr aber dabei ruhig noch einmal mit dem Messer hinein. Theo wollte nach seinem Arm greifen, hatte aber keine Hand frei, er sah geradewegs in die Augen seiner Mutter und nahm noch wahr, daß sie voll Tränen standen, da kam zum zweitenmal der schneidende Schmerz, diesmal von der anderen Seite des Halses, er wollte schreien, aber es kam nur ein blutiger Brei heraus, der die Hälfte der Schale füllte. Er krampfte die Finger um das Gefäß und drehte mit Gewalt den Kopf zur Seite. Er konnte nichts mehr sehen, alles verschwamm ihm in Tränen, er weinte.

Da ließ seine Mutter den Kopf los und bog ihn über die Schüssel, sein Mund war wieder frei, das Messer war weg, er spie in das Gefäß, er erbrach sich fast, als er das Blut und den Speichel sah, die

Tränen rannen dazu, er war ganz blind und ließ es aus seinem Munde laufen, wohin es wollte. Dann nahm ihm jemand die Schale, die er immer noch krampfhaft gehalten hatte, aus den Fingern, eine Hand strich ihm die Haare aus der Stirn und trocknete seine Tränen.
Er konnte wieder sehen.
Es war seine Mutter gewesen. Der Doktor hatte das Tischchen weggefahren. Er rief von hinten:
»Gut ausspülen, Theo, wir sind fertig.«
Dann kam er, wischte dem Jungen mit einem Wattebausch den Mund aus, sah ihm noch einmal in den Hals und sagte: »Sehr schön.«
Theo atmete schwer. In seiner Kehle saß ein brennender Kloß, in seinem Mund spürte er dauernd das warme Blut zusammenrinnen, er kämpfte wieder mit den Tränen.
Der Doktor sah ihn fröhlich an.
»Ja, Theo, wo waren wir stehen geblieben? Richtig: Emil schrie also wie ein Indianer...«
»Indi...« krächzte Theo, der ohne Überlegung zu sprechen beginnen wollte und nun erschrocken aufhörte.
»Na, was? Sprich mal ruhig!«
»Indi – a-ner schreien dosch nischt«, gurgelte er.
»Indianer? Am Marterpfahl?«
Theo schüttelte den Kopf.

»Aber wenn sie ihr Kriegsgeheul ausstoßen?« fragte Dr. Freund.
Theo nickte.
»So also schrie er. Es war einfach nichts zu machen. Die Beule saß noch immer auf seiner Nase. Na, da habe ich auf das Messer eine Salbe gestrichen und da konnte er das Messer nicht mehr sehen. Es war unsichtbar.«
Theo zog die Augenbrauen streng zusammen. Dr. Freund beeilte sich: »Bestimmt, Theo. Du hättest es natürlich gesehen. Er aber nicht, denn es war eine Zwiebelsalbe, und darauf mußte er die Augen zumachen, weil ihm die Zwiebelsalbe so in die Augen stach. Verstehst du?«
Theo nickte.
»Während er nun die Augen zu hatte, sagte ich ihm, jetzt kommt ein Zauberer und nimmt dir die Beule ab. Das hat er geglaubt.«
Theo runzelte abermals die Brauen.
»Jedenfalls sagte er: Ja? Er hat es also wohl geglaubt. Sehen konnte er ja nichts. Und da habe ich ihm die Beule schnell weggeschnitten und gesagt, jetzt hat dir der Zauberer die Beule weggezaubert. Bestimmt, Theo, er hat es geglaubt. Der Emil glaubt so was!«
»Er hat ja auch an den Buback geglaubt«, bestätigte seine Mutter.

Theo sah sie an und nickte heftig.
»Ja«, seufzte Dr. Freund, »so war das damals mit Emil. Er war nicht mutig, das kann man wohl sagen. Er hat geschrien, daß die Bilder von den Wänden fielen und mein Fräulein taub wurde. Ja, sie hieß Katrin und verlor dabei das Gehör. Seitdem habe ich ein neues Fräulein. Na, du kennst sie ja.«
Er ging zum Schreibtisch.
»So, und jetzt kommt der Kuchen und die Sahne, Theo. Das bekommst du jetzt jeden Tag, bis der Hals wieder heil ist. Zur Schule gehst du vierzehn Tage lang überhaupt nicht, und dann auch nur eventuell. Und wenn du jetzt mit der Straßenbahn nach Hause fährst, brauchst du nicht aufzustehen, wenn Erwachsene kommen; natürlich nicht, denn du bist ja eben operiert, das sieht ja jeder. Ich mache dir noch einen schönen wolligen Verband. Vielleicht klebt außen durch Zufall noch ein bißchen Blut dran, das wäre nicht schlecht; dann können die Leute gleich sehen, was los ist. Zu Hause gehst du ins Bett und ißt heute überhaupt nichts mehr. Morgen trinkst du nur Milch. Übermorgen Milch mit Zucker und Kuchen. Das läßt sich aushalten, sage ich dir. Na, und dann können dich deine Freunde besuchen und deine Freundinnen – –«

Theo errötete. Dr. Freund schien es nicht zu sehen. »– aber erst ab morgen nachmittag. Und du selbst mußt so wenig wie möglich sprechen. Laß sie mal ruhig ein bißchen warten; die sollen staunen. Ich habe ja auch gestaunt, Theo, das muß ich schon sagen. Daß du keine einzige Träne vergossen hast, das ist allerhand. So einfach ist eine solche Operation nun wirklich nicht. Möge sie der größte Schmerz deines Lebens bleiben.«

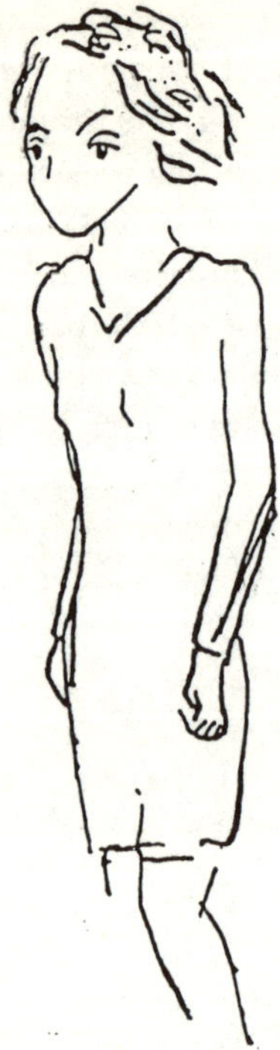

Elisabeth Bergner

Im Winter, wenn ich nicht mehr weiß,
woher ich die Erinnerung nehmen soll
an schäumend wilde Felder und
an Wolken, die im Dampf der Sonne backen,
im Winter, wenn mir alles blank
gefegt von Fleisch ist,
dann sehe ich noch manchmal
die Göttin,
die niemand mit Begehren ansieht,
den Wellen ihren vasenglatten Leib entbiegend
in mein Auge schauen,
und ich entsinne mich,
wie voll von Paradiesen
Jugend ist.

Dieses verflixte Italien

Madame! Sie erwarten nach dieser Überschrift doch nicht etwa eine ernsthafte Analyse? Lassen Sie sich sagen: Das ist bei den Italienern nicht möglich. Jedes andere Volk ist erfaßbar, das italienische nicht. Man kann es nur erleben und bestaunen.

Laut Statistik sind die Italiener die beliebtesten Menschen auf der Welt. Wie sie's nur machen! Sie haben eine knochenweiche Fußballmannschaft, aber die Schiedsrichter aus allen Ländern helfen ihnen; die Lira fällt ins Bodenlose, und Europa fängt sie auf; sie haben die Mafia nach Amerika gebracht, und alle US-Präsidenten umwerben die Italo-Amerikaner; sie haben den Faschismus erfunden und gelten seit Gajus Julius Cäsar als musterhafte Demokraten. Terrorismus überzieht das Land, es wird pausenlos gestreikt, man kriegt des Morgens nicht einmal seinen Kaffee, und auf den Straßen wird einem der Mercedes unter dem Po geklaut. Aber jedes Jahr kehren die Fremden zurück, nichts schreckt sie ab.

Wie machen die Italiener das?
Ich habe sie gefragt; sie wissen es selbst nicht. Sie vermuten, daß wir die Sonne suchen. Manche meinen auch, wir wollen ihre Kunstschätze sehen. Nur ein einziger, ein alter Pfarrer, hat eine verblüffende Antwort gegeben, die mich gleich einen Schritt zurückspringen ließ, so erschrokken war ich. Er sagte: Ihr kommt, weil ihr euch einmal von den Deutschen erholen wollt.
Ist daran was? Ja, daran ist was. Mir fiel es wie Schuppen von den Augen.
Gewiß, Italien ist ein begnadetes Sonnenland, wenn es nicht gerade regnet. Nichts schöner, als an den Stränden, im weißen Sand der Adria oder zwischen den Klippen der ligurischen Küste zu liegen; nichts schöner, als um die Mittagszeit, wenn die Glocken von den Dorfkirchen läuten, über die sanften toskanischen Hügel zu gehen, sich unter einen Olivenbaum zu legen, rechts und links Hunderte von wilden Schwertlilien, und die »merenda«, die unförmig dicke Doppelsemmel mit einer Scheibe Fenchelwurst zu essen; nichts schöner, als auf dem Forum Romanum, wenn die Sonne hinter den Pinien des Janiculus untergeht, auf einem Säulenstumpf auszuruhen und auf das verwitterte Pflaster der Via Sacra zu blicken, über die einst Cäsar, Augustus

und die heiligen Vestalinnen geschritten sind. Nichts schöner, als den Vesuv seine »Early morning pipe« rauchen zu sehen; nichts märchenhafter als Venedig im Dezembernebel. Und wo man hintritt, Kunst, sofern man nicht gerade eine Fiatniederlassung ins Blickfeld bekommt.
Schönes Fleckchen Erde.
Ein berühmter Ausspruch ist: Wie schön wäre Italien ohne Italiener.
Sehen Sie: Genau das ist falsch! Recht hat vielmehr der alte Pfarrer. Was uns trotz Streik und Klauen so umschmeichelt, ohne daß wir es bewußt werden, das ist die Seelenhaltung des Volkes, diese Virtuosität, die Stunde zu genießen, diese Lust am ewigen Operettenspielen, dieses Sausenlassen der »Probleme« und der Lira, die Selbstironie, die Kunst der Stallwärme-Erzeugung im engsten Kreis. Die Kunst, entwaffnend unkompliziert zu sein.
Nie werden Sie einen Italiener treffen, der «Prioritäten setzt« oder von »Lebensqualität« quasselt oder »die politische Landschaft« »in den Griff bekommen« will.
Dafür kann ich Ihnen Postämter nennen, die tagelang keine Briefmarken vorrätig haben, nicht eine einzige; Straßen, auf denen mitten auf der Fahrbahn ein Laternenpfahl steht; Einbahnstra-

ßen, die prinzipiell in beiden Richtungen befahren werden; Banken, mit denen Sie über den Wechselkurs handeln können; Geschäfte, die einen Preis nach unten abrunden, wenn ihnen das Rechnen zu lästig ist; Bars, die Ihnen dreihundert Meter weit durch den Kellner einen Espresso in Ihr Büro bringen lassen; einen Pfarrer, der Hühner rupft, während er das Brevier liest. (Vieles davon geht natürlich langsam verloren.)
Und nun erinnern Sie sich der Mentalität der heutigen Deutschen! In meinem Buch »Ein Frühling in Florenz« lasse ich den jungen Wünschelrutengänger (in der Toskana ein Beruf!) sagen: »Ich bewundere die Deutschen, aber ich möchte keiner sein.«
Was hilft's! Wir sind's. Wir hätten schlimmer ausfallen können.
Schöne Ferien!

An meine Frau

Vertraue Deinem Herzen,
nicht dem Stift!
Und iß stets alles auf
und weck's nicht ein in Schrift.
Nimm nur so viel,
wie Deinem Bauch verträglich!
Auf Vorrat essen, schlafen, lieben
ist nicht möglich.

Das Abenteuer geschichtlichen Denkens

Ein Vortrag

Meine sehr verehrten Damen und Herren,

jetzt, wo Sie hier eingefangen sitzen, kann ich es Ihnen ja sagen, daß mein Thema gar nicht »Das Abenteuer geschichtlichen Denkens« lautet. Dieser Titel stammt von Professor P., der Sie zu diesem Abend eingeladen hat, und stellt eine Art Diagnose auf eigene Faust dar. Der Titel, den ich mir wünschte, lautet: »Was ist Wahrheit, spricht Pilatus.«
Sie merken natürlich sofort den abgründigen Unterschied zwischen beiden Formulierungen. Meine ist etwa vergleichbar den verschwommenen Äußerungen eines von Schmerzen geplagten Mannes, der sagt: Herr Doktor, wenn ich so und so und so mache, tut es mir weh. Die Formulierung von Professor P. ist das vornehme »Also«. Was Professor P. tat, nämlich aus dem, was ich ihm vielleicht farbig aber unpräzise erzählte, einen präzisen Schluß zu ziehen, eine Art ärztlicher Diagnose zu stellen – genau das, meine ver-

ehrten Damen und Herren, ist das Prinzip der Geschichtsbetrachtung.
Während man nun aber in der Medizin einen Patienten zur Not aufschneiden und nachsehen kann, ob die Diagnose richtig war, kann man das bei den Perserkriegen, bei Caesar und bei der «Emser Depesche« leider nicht. Das geschichtliche Denken bleibt also in viel größerem Maße ein Abenteuer.
Hier würden Sie mich, wenn Sie nicht zu höflich wären, gern unterbrechen. Gerade das Beispiel mit der »Emser Depesche«, so werden Sie sagen, ist das Beispiel einer präzisen, unmißverständlichen Unterlage, die wir schwarz auf weiß besitzen und daher getrost nach Hause tragen können. Eine klare Tatsache, sagen Sie. Das 20. Jahrhundert betet die exakte Grundlage an. Die Mathematik und die Physik genießen göttliche Verehrung. Das geht so weit, daß alle nicht-exakten Wissenschaften geradezu in den Geruch von »Kunst« gekommen sind. Und das ist ein fürchterlicher Makel. Wenn Sie auf den Universitäten zuhause sind, so werden Sie die Beobachtung gemacht haben, daß z.B. Dozenten, die sich auf das Gebiet der Lebensphilosophie begeben, beinahe wie Bohemiens angesehen werden, wie Essayisten. Die Helden, die wahren, todernsten und

unnahbaren Wissenschaftler sind die Mathematiker und Physiker. Sie allein stehen auf hartem Fels, sie allein sprechen kein Wort aus, das nicht auf Beweisen beruht, sie allein stehen turmhoch über Gefühlen, über subjektiven Meinungen und künstlerischen Deutungen.
So beten also auch die Historiker als nicht exakte Denker wenigstens die Dokumente an. Scheinbar mit absoluter Berechtigung, denn ohne Dokumente gäbe es keine Geschichte, höchstens eine Sage.
Zum Beispiel von diesem Abend und diesem Vortrag hier wird, wenn längst kein Zeuge mehr lebt, wahrscheinlich immer noch irgendein Programmheft als unbezweifelbares Dokument existieren und davon Zeugnis ablegen, daß das Thema lautete: »Das Abenteuer geschichtlichen Denkens«.
Und siehe da – es stimmt nicht. Aber auch, wenn niemals ein Dokument lügen würde, wäre ein Aneinanderreihen von Fakten noch keine Geschichtsbetrachtung, sondern eine Art Briefmarkensammeln. So weit etwa kommt man meistens auf der Schule.
Das Finden der Wahrheit in der Geschichte ist kein Hollerithvorgang, sondern ein diagnostischer. Es ist nicht damit getan, Daten und Fakten

zu sammeln, zu wissen und aneinanderzureihen. Das ist nichts ohne Diagnose. Man könnte es sogar *so* formulieren: Die Wahrheit, wie wir sie in der Geschichte suchen, wird *überhaupt* nicht durch überlieferte Fakten repräsentiert. Falls ich mich zu schwer verständlich ausgedrückt habe, will ich es drastischer formulieren: Zahlen, Namen und Dokumente sind nur der Hautausschlag der Geschichte, oft nicht einmal das, sondern nur das Weh und Ach des Patienten.

Stellen Sie sich vor, man würde in zweitausend Jahren nichts mehr von unserer Bundesrepublik wissen und plötzlich aus dem Jahre 1962 ein Exemplar unseres Grundgesetzes auffinden. In einer Minute wäre es, so nehme ich an, mittels eines Materienachschöpfungsapparates in Größe, Farbe und Geruch in hundertfacher Ausfertigung reproduziert und drahtlos den Universitäten übermittelt. Und zur Frankfurter Buchmesse, die dann immer noch nicht gestorben sein wird, würden gleichzeitig einhundert Abhandlungen über unser heutiges Staatsleben erscheinen. Endlich, endlich, so würde es von allen Kathedern jubeln, wissen wir die geschichtliche Wahrheit.

Ich möchte Ihnen gern vorführen, was in den Büchern stünde. Es stünde darin: Dieses Volk

nannte seinen Staat damals Bundesrepublik Deutschland.
Bis hierher stimmt's.
Dann führen die Historiker fort: Die Würde des Menschen war damals unantastbar, und die Staatsgewalt erachtete es als ihre höchste Verpflichtung, sie zu achten und zu schützen. Sternchen, Fußnote: Siehe Artikel 1 der aufgefundenen Verfassung.
Alle Menschen, so ginge es weiter, waren vor dem Gesetz vollständig gleich, es gab keine Rücksichtnahme auf Ansehen und Ämter, es gab vor dem Richter kein Hoch und kein Niedrig. Sternchen, Fußnote: Der Artikel 3 überliefert es.
Niemand durfte in diesem Staat etwa wegen seines Geschlechtes, seiner Abstammung, seiner Rasse, seiner Sprache, seiner Heimat und Herkunft, seines Glaubens oder etwa wegen seiner religiösen oder politischen Anschauung benachteiligt oder bevorzugt werden. Kein Amt war politisch besetzt, keine personelle Entscheidung hatte religiöse oder politische Gründe.
Sternchen, Fußnote: Von diesem wunderbaren Zustand berichtet uns einwandfrei der Artikel 3, Absatz 3.
Und so weiter, und so weiter.
Ist das die Wahrheit?

Nein. Das ist nicht nur nicht die Wahrheit, sondern das ist überhaupt nichts. Das ist kein Lebensbild, auch kein falsches; das ist *ohne* Leben, das ist mausetot, ist ohne einen Hauch von Möglichkeit, die Zeit zu verstehen, die Verhältnisse nachzuempfinden und ihre Menschen in der Vorstellung zum Leben zu erwecken.

Die Suche nach der Wahrheit *beginnt* hier erst. Es ist die Suche nach der Diagnose. Es ist noch keine Diagnose, aus dem Satz »Vor dem Gesetz sind alle Menschen gleich« auf einen untadeligen Rechtsstaat und unbeeindruckbare Richter zu schließen. Das ist keine Diagnose, das ist eine breitgekaute Wiederholung.

Glauben Sie mir, es gibt Hunderte von Historikern, die gedanklich nie weiter als bis zu diesem Punkt kommen.

Aber die Diagnose, das Erkennen, das Schließen auf die Wahrheit – wie kommen wir dahin?

Wir nehmen also an, daß es aus der heutigen Zeit kein anderes Zeugnis über die Zustände in Deutschland mehr gäbe. Wir müssen uns also an die gedankliche Arbeit machen. Was mir bekannt ist, ist, daß eine autoritäre Regierungszeit vorausgegangen war, die in einem Weltkrieg endete, den dieses Volk verlor. Die weltanschaulichen und die wirtschaftlichen Gegensätze und

Ansprüche zwischen diesem Volk und der übrigen Welt waren unüberbrückbar gewesen und die Kriegsgegner entschlossen, notfalls tabula rasa zu machen.
Ich weiß nun aus der Geschichte des Menschengeschlechts, daß ein solcher Umsturz alle Triebe weckt, die 1. eine gesellschaftliche Umschichtung mit allen, auch unsauberen Mitteln erstreben, – die 2. zu diesem Zweck die Schuldfrage beständig, auch gegen Qualität und gegen Vernunft, wachhalten wollen und die 3. von der vorigen Epoche in einer Richtung eingefärbt sind, die sie eben noch bekämpft haben. Ich meine die Erinnerung, wie angenehm-ungestört die früheren Machthaber dadurch regiert haben, daß sie das Volk an die Kandarre legten.
Das ist stets unvergessen.
Wenn ich das weiß, und wenn ich ein Mann mit geschichtlichem Denkvermögen bin, d.h. über meinen eigenen Schatten springen kann, so ist für mich klar, daß das aufgefundene Dokument des Grundgesetzes *kein* Abbild des wirklichen Lebens in diesem Staat sein kann. Es ist eine alte geschichtliche Erfahrung, daß die Menschen zu keiner Zeit mehr und lauter von Würde, Freiheit und Güte schreien, als dann, wenn diese Dinge andere, sich anbahnende, zudecken sollen.

Wenn ich einen Funken geschichtlicher Erfahrung habe, werde ich, sofern ich es nicht sowieso auswendig weiß, zum Bücherschrank gehen und die Unterlagen über den Umsturz und Wechsel von Hippias zur Demokratie in Athen nachlesen. Nachdem ich das getan habe, werde ich noch ein wenig in den Fouché-Akten der nachrevolutionären französischen Epoche lesen. Danach werde ich noch einmal prüfen, *was* ich eigentlich getan habe: Habe ich Parallelen im Ablauf der Geschichte gesucht? Dann wäre es besser, sie sofort wieder zu vergessen. Die Geschichte lehrt nicht Mechanik. Nein, ich habe etwas anderes feststellen wollen: Grundregeln im Verhalten von Völkern unter gleichen Gegebenheiten. Nachdem mir so eine Ahnung gekommen ist, wie sich die Dinge wohl abgespielt haben können, muß ich zu ergründen versuchen, wieviel Spielraum da war. Was ließen die Umstände zu; was nicht. Wie weit mischte sich das Ausland ein; wie weit nicht. Und siehe da, mein Mißtrauen wird bestätigt. Ich finde in diesem frisch entdeckten Grundgesetz einen Artikel 139, der lautet: Die zur Befreiung des deutschen Volkes vom Nationalsozialismus und Militarismus erlassenen Rechtsvorschriften werden von den Bestimmungen dieses Grundgesetzes nicht berührt.

Ach? Auch nicht von dem Artikel »Vor dem Gesetz sind alle gleich«, der das Fundament eines Rechtsstaates ist?
Nun sehe ich mir die aufschlußreiche Formulierung »Zur Befreiung des deutschen Volkes« an. Das klingt, als wäre die Aktion von dritter Seite ausgegangen. Zumindest muß ich in Erwägung ziehen, daß sie von den Siegern ausging. Da sie aber in dieser Form von Deutschen in ihre Verfassung aufgenommen wurde, scheint sich in den Sprechern hier schon eine regierende Schicht über »das deutsche Volk« zu erheben. Und da diese Sondergesetze, die, wie gesagt, möglicherweise von Fremdmächten ausgingen, sogar die soeben geborene Verfassung außer Kraft setzen können, müssen damals noch die Bajonette der Sieger im Land gewesen sein.
Da von einem Aufbäumen oder Demissionieren der Regierung nichts bekannt ist, scheint es sogar nicht abwegig, anzunehmen, daß es eine Regierung war, die die Gunst der fremden Sieger besaß.
Ich wandere nun wieder zum Bücherschrank und blättere noch einmal im Herodot nach. Nicht schlecht, was ich da finde.
Nun sehe ich mir einen weiteren Paragraphen dieses Grundgesetzes an, der mir aufgefallen ist,

den Paragraphen 25. Er lautet: Die allgemeinen Regeln des Völkerrechts sind Bestandteil des Bundesrechts; sie gehen den Gesetzen *vor.*
Oh... demnach scheint es deutsche Gesetze gegeben zu haben, die das Völkerrecht nicht berücksichtigten. Aber der Artikel geht noch weiter: Die Regeln des Völkerrechts erzeugen Rechte und *Pflichten unmittelbar* für die Bewohner des Bundesgebietes. Das ist erstaunlich, da Deutschland von den Vereinten Nationen ausgeschlossen war. Also ein Blanko-Scheck für die anderen Völker, die sich vereint haben?
Diese Dinge müssen für eine Regierung, die sich wahrhaft väterlich sorgte, unerträglich gewesen sein. Oder was für Minister, was für Abgeordnete waren das? Ist es denkbar, daß ihnen die ganze Situation paßte?
Ich sehe mir noch einmal das aufgefundene Dokument an und stoße auf den Paragraphen 146, den letzten; er lautet: Dieses Grundgesetz verliert seine Gültigkeit an dem Tage, an dem eine *Verfassung* in Kraft tritt, die vom deutschen *Volke* in freier Entscheidung beschlossen worden ist.
Aber, wie ist das? 14 Jahre nach diesem Grundgesetz war das Volk immer noch nicht aufgefordert worden, sich selber eine Verfassung zu geben? Ich suche nach einem Paragraphen, der das

Volk in den Stand setzte, ein Volksbegehren anzumelden. Aber es ist nichts davon in dem Dokument zu finden. Ein Begehren ist ausgeschaltet. Darauf beschließe ich, mich in einen Lehnstuhl zu setzen und nachzudenken. Genauer gesagt: mich zu beruhigen.

Ja – nun ist es soweit. Ich fühle mich imstande, ein *wahres* Bild dieses Staates zu entwerfen... Ich kann die Diagnose stellen!

Keine Angst: Ich tu's nicht.

Ich habe jetzt als Historiker nur noch *eine* Aufgabe: vor dem Resultat nicht zu erschrecken. Erschrecken heißt, etwas anderes erwartet oder erhofft zu haben.

Auch ich könnte etwas anderes erhofft haben, denn ich habe Wünsche, Sehnsüchte, Hoffnungen wie alle Menschen. Aber jetzt kommt der entscheidende Punkt, der gravierende Unterschied zwischen Menschen ohne geschichtliches Organ und Menschen mit starkem geschichtlichem Instinkt: Meine Wünsche und Hoffnungen beziehen sich auf die Gegenwart, nicht auf die Historie. Auf die Gegenwart und Zukunft, also auf das noch Beeinflußbare. Für die Vergangenheit sind sie sinnlos.

Sie sind sinnlos, im logischen Sinne, denn sie können an den historischen Geschehnissen nichts mehr ändern. Aber sie sind nicht kraftlos: Sie trüben das Auge. Um zu kontrollieren, ob bei mir die Gefahr einer Sichttrübung besteht, habe ich nur eine Möglichkeit: Ich muß mir über meine Weltanschauung, über meine Wünsche und Sehnsüchte im klaren sein. Nüchterner im klaren sein als alle, die mich zu kennen glauben. Erst wenn ich mich selbst genau erkannt habe und weiß, wobei mein Herz lacht und wobei es weint, erst dann kann ich vor die Geschichte treten und ihr das klassische, schöne alte Wort anbieten: Zwischen uns sei Wahrheit.

Das ist eine der vornehmsten Forderungen an den Historiker.

Sie bedeutet nicht, daß man seine Liebe verbirgt oder ihr entsagt. Sie bedeutet, was Goethe einmal so formuliert hat: Aufrichtig zu sein kann ich versprechen; unparteiisch zu sein, nicht.

Parteiisch sein, heißt weiter nichts, als eine Liebe gestehen. Es gibt nichts Schöneres, auch für den Historiker. Ich gestehe sie, nachdem ich *zuvor* die reine Wahrheit gestanden habe.

Es gibt einige klassische Kriterien, an denen sich die Wahrhaftigkeit geschichtlichen Denkens erkennen läßt.

Das sind am besten solche historischen Ereignisse oder historische Figuren, die auf der Haut

brennen, die einen deutlichen, einen starken Bezug auf die Gegenwart des Betrachters haben. In solchen Fällen offenbart es sich, ob der Betreffende das Heute anhand der Geschichte oder ob er verhängnisvollerweise die Geschichte anhand des Heute betrachtet.
Ein Beispiel wird es Ihnen klarmachen:
Wir sind von der Diktatur gebrannte Kinder. Dies ist das Heute. Messe ich die Historie an dem Heute, so komme ich zu dem Schluß, daß z.B. die Tyrannis des Peisistratos in Athen eine verabscheuungswürdige, verdammenswerte Regentschaft war. Messe ich aber das Heute an der Vergangenheit, so muß ich sagen: Ich habe als historisch wahr erkannt, daß Peisistratos genial, gütig und segensreich war. Wie schade, daß *unser* Peisistratos es nicht war.
Im ersten Fall habe ich mich abhängig gemacht vom Heute, im zweiten Fall unterziehe ich mich und das Heute einer Lehre.
Und damit sind wir beim Sinn geschichtlichen Denkens. Man spricht so schnell einmal vom Sinn geschichtlicher Erkenntnisse. Wie diese Erkenntnisse oft ausgemünzt werden, grenzt an Lächerlichkeit und ist nicht weit entfernt von Volksweisheiten wie: Verbunden werden auch die Schwachen mächtig, das Leben ist der Güter

höchstes nicht, oder es kann der Beste nicht in Frieden leben, wenn es dem bösen Nachbarn nicht gefällt. Für viele Menschen ist das wirklich die einzige Ernte. Mitunter kleiden sich diese fundamentalen Gemeinplätze auch in feinsinnigere Worte.

Ich will Ihnen sagen, welches der einzige Sinn geschichtlicher Erkenntnis ist: Unser Leben, das Leben des Menschengeschlechtes, in weiten Zeiträumen zu sehen und die kurzsichtigen Wünsche des Augenblicks der größeren Erkenntnis entsagend unterzuordnen.

Um zur Diagnose der Wahrheit zu gelangen, muß man eventuell einen sehr langen, mühseligen Weg gehen. Eventuell, aber selten, kommt man mit einem Gedankenblitz dazu.

Zur Erkenntnis der Wahrheit beispielsweise im Falle der »Emser Depesche« bedarf es nur einer Erinnerung an eine bestimmte Tatsache. Sie wissen, worum es bei der »Emser Depesche« ging: Ein Sigmaringer Hohenzoller war für den spanischen Thron ausersehen. Napoleon III. protestierte zornentbrannt und verlangte von Wilhelm I., er möge es seinem Neffen verbieten. Wilhelm erklärte, er habe keine Handhabe, etwas zu verbieten, werde es dem Neffen aber nahelegen. Der französische Gesandte wünschte den König, der sich in Ems aufhielt, zum zweitenmal zu sprechen, um eine förmliche Garantie zu verlangen. Der König weigerte sich und ließ den Gesandten durch den Fürsten Radziwill empfangen. Frankreich schäumte über diese »Beleidigung«, sprach davon, es würde eingekreist, und der Gesandte sei durch einen »Lakaien« empfangen worden. Bismarck sah, daß die Dinge mutwillig zugespitzt wurden und fand sich genötigt, das deutsche Volk vom Vorgefallenen zu informieren. Er veröffentlichte Auszüge der Depesche, in der ihm der König die Angelegenheit nach Berlin berichtet hatte. Frankreich erklärte den Krieg. Bis auf den heutigen Tag hakt an diesem Punkt ein Teil der Historiker ein: Bismarck habe das Telegramm gekürzt und damit in einer Weise frisiert, die zum Kriege treiben sollte. Fazit: Bismarcks Kriegsschuld sei damit klar.

Hier bedarf es nun wirklich nur eines einzigen Gedankens, um die Wahrheit zu erhellen. Bismarck hätte es einfacher haben können: Es hätte genügt, den Sigmaringer Prinzen seelenruhig weiter Kronprätendent sein zu lassen. Das wäre der todsichere Weg zur Kriegserklärung der Franzosen gewesen, ein bedeutend leichterer Weg als ein Zeitungsartikel an die Adresse der

Deutschen. Bismarck aber hatte nachweislich das Gegenteil getan: Auf seinen Rat hin hatte der König bereits den Neffen gebeten, zurückzutreten. Das Fazit stimmt also nicht.
Das ist ein einfacher Fall. Kinderleicht.
Schwierig aber und mühselig ist der Weg bei dem Beispiel des Peisistratos. Ich habe die Diagnose des Peisistratos in meinen »Rosen für Apoll« dargelegt. Ich will Sie nun nicht mit Gegendarstellungen langweilen. Ich sage: langweilen. Damit setze ich voraus, daß eine Darstellung, gleichgültig, wie gefällig sie wäre und wie weit sie Ihren persönlichen politischen Anschauungen entgegenkäme, Sie langweilt, bei der Sie beim ersten Gedankenschluß bereits auf Unlogik stoßen.
Zwei kurze Beispiele für solche Unlogik mancher Historiker. Ein berühmter Gräcist unserer Tage beruft sich bei seiner Aburteilung des Peisistratos auf den lauteren Charakter und den demokratischen Freiheitswillen der Peisistratos-Gegner in Athen. (Die gab es.) In *einem* Atem fährt er dann fort: »Bitter empfanden diesen Zustand naturgemäß die adligen Standesgenossen des Tyrannen. Einige werden gute Beziehungen zu ihm gesucht haben, andere wandten der Heimat den Rücken, wie die Alkmaioniden oder

Miltiades, der mit anderen unzufriedenen Elementen eine Kolonie von Bürgern nach der thrakischen Chersonnes führte und dort eine eigene Tyrannis begründete.«
Welche Kronzeugen seiner Diagnose!
An einer anderen Stelle preist er Sparta, das sich als angeblich ideeller Tyrannenhasser endlich aufraffte und den Tyrannen Hippias aus Athen vertrieb. Zwanzig Seiten weiter heißt es wörtlich: »Da in den folgenden Jahren ein Plan der Spartaner, Hippias wieder in Athen einzusetzen, am Widerstand der Bundesgenossen scheiterte ...etc.« Haben Sie es mitbekommen? Husch – ist er darüber weg.
Der Engländer Kitto aber, Historiker einer Nation, die es nicht nötig hat, ihren verdorbenen Magen mitsprechen zu lassen, urteilt folgendermaßen: »Peisistratos war kein gewöhnlicher Tyrann. Das Vorgehen und die Mittel eines griechischen Tyrannen unterscheiden sich zwar durchaus nicht sehr von denen eines Tyrannen unserer Zeit; und doch gibt es einen wesentlichen Unterschied. Die griechischen Tyrannen waren fast immer Aristokraten und Männer von Kultur. Mehrere von ihnen haben sogar Aufnahme in den späteren Kanon der Sieben Weisen gefunden. Peisistratos war das Beispiel eines guten Tyrannen.«

Sie finden die Erklärung für jene rätselhaften Kurzschlüsse und Trübungen, die bis zur Blindheit gehen können – ich muß mich unterbrechen und Ihnen für diese Blindheit ein Beispiel aus unseren Tagen geben. Ein Amerikaner schrieb vor einiger Zeit: »Hätten die Deutschen im letzten Krieg die Atombombe gehabt, sie wären verbrecherisch genug gewesen, sie wirklich zu werfen.«
Sie finden, sagte ich, die Erklärung für solche rätselhaften Kurzschlüsse und Trübungen, die bis zur Blindheit gehen können, in dem Unvermögen, zwischen sich und der Geschichte Wahrheit walten zu lassen; in dem Unvermögen, sich unabhängig von dem eigenen Leben und dem Heute zu machen, in dem Unvermögen, die eigenen Schmerzen nicht auch anderen anzudichten; in der völligen Organlosigkeit für geschichtliche Wahrheiten.
Dieses Wort »Wahrheiten« hat in der Geschichte einen besonderen Sinn: Es will sagen, daß es in der Historie keine vorgefaßten, etwa in der Luft konstruierten Wahrheiten, also keine ideellen Wahrheiten gibt. Würden beispielsweise alle Philosophen, ohne Ausnahme, feststellen, daß das Selbstbestimmungsrecht jedes einzelnen Menschen das höchste Gut und das von der Ge-

schichte auch immer wieder sichtbar gemachte Ziel der Kulturen ist, so würde das nichts daran ändern, daß die Historie von Fall zu Fall eine ganz andere Wahrheit lehrt. Das Leben und das Universum schaffen Wahrheiten. Wenn Sie mich ganz verstünden, wäre es schön: Die Wahrheit ist *immer* historisch. Sie ist nie vorwegzunehmen, nie vorwegzukonzipieren.
Das aber gerade ist es, was die Machthaber der Zeiten verlangen. Daher steht der wahrhaftige, der unbestechliche und getreue Historiker fast immer, zumindest immer in irgendeinem Punkte, im Gegensatz zur Doktrin des Tages. Es ist sein Los, von dem Rudel, das er aufscheucht, bekämpft zu werden. Es ist seine Ehre, gehaßt zu werden, weil er gefürchtet wird.

Rückblick

Am Ende des Jahres
da fragt man sich: War es
ein leichtes, ein schweres?
Ein reiches? Ein leeres?

Nichts vorschnell gestehen!
Wir wollen erst sehen.
Am besten greift jeder
zu Tinte und Feder.

Nach Altväter-Sitte
Beschwerdebuch, bitte!
Dem dämlichen Leben,
dem wollen wir's geben!

Im Urlaub war Regen.
Mit Grippe gelegen.
Und Pfingsten verdorben,
weil Katze gestorben.

Ein Zahn weg, links oben.
Beförderung verschoben.
Gewicht zugenommen.
Viel besser geschwommen!

In Kinos gewesen.
Zwölf Bücher gelesen.
Spaziergang verregnet,
aber Rehen begegnet!

Den Herbst sehr genossen.
Auf Jahrmarkt geschossen.
Lakritzen gegessen.
Auf Schaukel gesessen.

Ach, Schluß mit den Klagen!
Um's rundraus zu sagen,
viel Spaß, wenig Nöte.
Begreife jetzt Goethe:

»Ihr glücklichen Augen,
was je ihr gesehn,
es sei, wie es wolle,
es war doch so schön.«

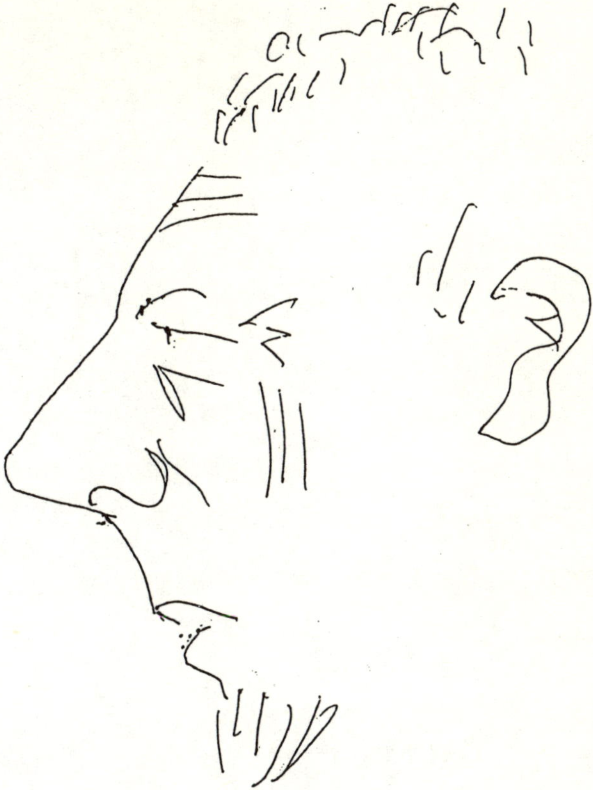

Bitte beachten Sie
die folgenden Seiten

Wie einen Sommernachtstraum erzählt der Autor Leben und Schicksal der Sappho, der großen griechischen Dichterin und unsterblichen Liebenden.